AI DI SHENG

爱迪生的故事

王艳娥　主编

榜样的力量

榜样的力量是无穷的，好的榜样能给我们积极的思想、正确的行为、良好的习惯、完善的人格。树立了榜样就等于找到了自己前行的方向。

榜样是无比强大的力量源泉。

北方妇女儿童出版社

图书在版编目（CIP）数据

爱迪生的故事 / 王艳娥编著. -- 长春：北方妇女儿童出版社，2010.2（2021.1重印）
（榜样的力量）
ISBN 978-7-5385-4365-0

Ⅰ. ①爱… Ⅱ. ①王… Ⅲ. ①爱迪生，T.A.（1847～1931）—传记—少年读物 Ⅳ. ①K837.126.1-49

中国版本图书馆CIP数据核字(2010)第020225号

爱迪生的故事

AIDISHENG DE GUSHI

出 版 人：刘 刚
责任编辑：张 力 刘聪聪 于 潇
开　　本：650mm×960mm 1/16
印　　张：12
字　　数：128千字
版　　次：2010年2月第1版
印　　次：2021年1月第6次印刷
印　　刷：三河市三佳印刷装订有限公司
出　　版：北方妇女儿童出版社
发　　行：北方妇女儿童出版社
地　　址：长春市福祉大路5788号
电　　话：总编办：0431-81629600

定　　价：33.80元

序言

“江山代有才人出”，在人类历史的长河中，涌现出一大批影响世界的风云人物。他们或者是杰出的政治家，凭着超乎常人的坚强毅力为国家和民族的前途引路；或者是卓越的科学家，为探索自然奥秘、改善人类生活而不懈努力……总之，他们由于在某一方面做出了杰出的贡献，已成为历史长河中的航标，引领着人类走向更加深邃的精神世界和更加精彩的物质世界。

这套丛书不仅告诉你名人成功的事实，更重要的是展示他们奋斗的历程，展现他们在失败和挫折中所表现出的杰出品质，从中我们可以吸取一些有益的精神元素。

这套丛书具有以下几个特点：

一是人物全面。本套丛书精心选取了从古至今全世界40位具有代表性的政治家、科学家、文学家、艺术家……这些人物均在各自的领域做出了卓越的贡献，对人类历史产生了重大影响，因此被广为传颂。

二是角度新颖。本套丛书不是简单地堆砌名人的材料，而是选取他们富有代表性或趣味性的故事，以点带面，从而折射出他们波澜壮阔、充满传奇的人生和多姿多彩、各具特点的个性。

三是篇幅适当。每篇传记约10万字，保证轻松阅读。本套丛书线索清晰、语言简洁、可读性强，用作学生的课外读物十分理想，不会加重他们的负担。

四是一书多用。本丛书是一部精彩的名人故事集锦，能够极大地开阔青少年的视野，同时还可以作为中小学生的写作素材库。

培根说：“用名人的事例激励孩子，胜过一切教育。”榜样的力量是无穷的，而名人是最好的榜样，向名人看齐，你将离成功更近！

人物导读

爱迪生于1847年2月11日诞生于美国中西部的俄亥俄州的米兰小镇。父亲是荷兰人的后裔，母亲曾当过小学教师，是苏格兰人的后裔。

爱迪生的一生是发明创造的一生，从他16岁发明自动定时发报机算起，平均每12天半就有一项发明；而在1882年，平均不到三天就有一项发明。如此惊人的成就，实属世界罕见。对他来说，科学发明之路永远没有尽头。

爱迪生一生仅仅接受了三个月的正规教育，却能创造出那么令人惊叹的科学财富，实在让人难以置信。可以说，他的成功是凭借个人的奋斗和非凡的才智取得的。他自学成才，以坚韧不拔的毅力、罕有的热情和充沛的精力从千万次的失败中站起来，克服了数不清的困难；他时刻保持一颗好奇的心，废寝忘食地投入到他的发明事业中，乐此不疲地进行了成千上万次的试验。正如他临终时所说——“我为人类的幸福，已经尽力了，没有什么可遗憾的了。”

爱迪生改变了世界，大大加快了人类现代化的步伐。但最使我们念念不忘的，并非那些卓越的发明，而是他无比的勇气、想象力、决心、谦逊和机智。“所有的美国人都是爱迪生的受惠人！我们不仅生活上接受他的恩惠和利益，最重要的是我们继承了他的精神遗产！”这是胡佛总统的感人致词，也是爱迪生一生价值的最好写照。

本书将向读者讲述爱迪生传奇伟大的一生，用他的经历告诉所有人：巨大的成就，来自艰巨的劳动。希望每一位读者都能像爱迪生一样，永远保持一颗积极向上的心，执著地追求自己的理想，成为一个富有高尚心灵、拥有坚定信念、时刻勤勉向前的人。

CONTENTS 目录

第一章 敲开科学的大门

第二章 引人入胜的发明

第三章 光明时代的到来

第四章 一场空前的“战争”

第五章 一道绚丽的彩

第六章 独辟蹊径的尝试

第七章 在战争的岁月里

第八章 晚年的光辉

第九章 发明大王的幕后

第一章

敲开科学的大门

- 刨根问底的孩子
- 列车上的生意
- 自办报纸
- “不务正业”的电报员
- 艰难的经历

刨根问底的孩子

爱迪生的全名叫托马斯·阿尔瓦·爱迪生，1847年2月11日诞生在美国俄亥（hài）俄州一个叫米兰的小镇。那时，他的父亲塞缪（miù）尔·爱迪生已经43岁了，母亲南希也已37岁。南希婚后生过七个孩子，爱迪生是家里最小的，因此格外受到疼爱，大家都叫他阿尔。

在米兰镇有关阿尔的传说很多，说他从小就与众不同：他比一般孩子更为好奇，不断提出千奇百怪的问题，并且什么事都想亲自去尝试一番。

有一次，到了吃饭的时候，还不见爱迪生回来，父母急得团团转，便四下寻找，直到夜幕降临时才在场院边的草棚里找到了他。父亲见他一动不动地趴在放了好些鸡蛋的草堆里，像一只恪（kè）尽职守的母鸡，就不解地问："你趴在草堆里干什么？"爱迪生很有把握地回答："我在学母鸡孵小鸡呀！"原来，他看到母鸡会孵小鸡，觉得很奇怪，总想弄清楚其中的奥秘，所以自己也就亲自一试。当时，父亲看见这副滑稽的样子又生气又好笑地将他拉起来，告诉他，人是孵不出小鸡来的。

在回家的路上，他仍旧迷惑不解地向父亲追问："为什么母鸡能孵小鸡，我就不能呢？"

好奇心有时也给爱迪生带来麻烦和危险。他4岁那年，看见篱笆上有个野蜂窝，野蜂忙碌地飞出飞进使他觉得挺有意思，就想知道里面有什么秘密，便用一根树枝去捅野蜂

窝，被激怒了的野蜂对这个“入侵者”群起而攻之，结果“入侵者”的脸被野蜂的屁股给教训了一顿，肿胀的脸把眼睛挤得只剩下两道缝，几乎都睁不开了。

还有一次，他看到邻居温切斯特用气球做一种飞行试验，他的好奇心又被引发了，他想：既然气球的肚子里有气就能飞，那么人的肚子里有了气肯定也能飞。他不知从哪儿弄来一些药剂，混合在一起，自认为这是能产生气体的配方；然后让爸爸工厂的工人迈克尔吃下去，结果害得人家差点没了命。为这事爸爸狠狠教训了他一顿。

在小阿尔7岁那年，发生了一件对小阿尔的前途起到很大影响的事情。他的父亲经营屋瓦生意亏了本，全家只好搬到密歇根州休伦北郊的格拉蒂奥特堡定居下来。

到这里不久，由于阿尔对这里的环境不太适应，患上了猩红热，这个病折磨了他很长时间。因为生病，那一年，他的母亲没有送他上学。他只好留在母亲身边，独自一人玩耍。阿尔的父亲经过考察后，决定在这里经营制材和小麦生意，同时还种植蔬菜，他把蔬菜和果园里生产的水果贩运到市场出售，他的生意越做越大。经过艰苦努力，爱迪生一家终于摆脱了窘境，生活慢慢好转起来。

因为一时难以适应新居住地的气候，他总是受疾病的折磨，所以小阿尔8岁时才正式入学念书。阿尔就读的那所学校，是个很小的学校，只有一个班级和一名教师。那位恩格尔先生既是老师又是校长，学校中的任何事情都是他一人说了算；恩格尔先生采用陈旧的教学方法，课程设置也很呆板，难以引起学生的兴趣；另外这位老师还经常体罚学生。

随着年龄的增长，小阿尔的兴趣越来越广泛，他经常收集附近人家丢弃的一些东西，用这些废物做出一些千奇百怪的小玩意儿。他还将这些东西带到学校，在课堂上玩弄，根本不理会恩格尔先生在台上讲些什么。

在小阿尔的性格中存在着刨根问底的天性，所以他对于课业方面的问题同样非常固执，一个问题没有得到令他满意的解答就不去做下道题。为此，不了解他个性的恩格尔先生认为他很愚蠢，把他当做是一位“迟钝”的学生，经常骂他“糊涂虫”、“低能儿”。

在校学习的时间还不到三个月，老师便把他的母亲叫来，对她说：“我看这孩子实在太笨，让他留在学校里只会妨碍其他学生，我看您还是领他回家吧。”阿尔的母亲听了这些话非常生气：“我认为阿尔比大多数同龄孩子都聪明，我想我可以教我的阿尔，他再也不会到这里来了！”

阿尔一生中真正接受学校教育的时间只有三个月。从那以后，他的母亲就成为他的“家庭教师”。以后爱迪生便按母亲制定的计划，无论是冬天还是夏天，都得挤出更多的时间来学习，在其他孩子玩的时候，他仍要每天坚持学习。

小阿尔虽然具有儿童天真、好动、贪玩的天性，但他愿意接受母亲的教育方式。阿尔从母亲那里得到的不仅是知识，而且还有很多学习方法。母亲认为，多思考比简单的死记硬背更重要，只要阿尔看得懂的书，不管知识多么深奥都给他看。爱迪生的母亲具有高超的教育才能，她把家庭教育办得内容充实、形式活泼。在教授的过程中，爱迪生真正认识到读书的重要性。后来他也认为，母亲是真正理解他

的人。

对一个小孩子来说，一种良好的教育方法可以极大地调动他的积极性，阿尔的母亲就是那种能调动起小孩儿学习积极性的人，这才使得阿尔对读书产生了浓厚的兴趣。阿尔在小时候不仅博览群书，而且能做到一目十行，过目成诵。8岁时，他读了英国文艺复兴时期重要的剧作家莎士比亚、狄（dí）更斯的作品和许多重要的历史书籍。到9岁时，他能迅速读懂难度较大的书，如帕克写的《自然与实验哲学》。这本书有好几百页，书中内容从蒸汽机到氢（qīng）气球涉及很广。关于那个时代的科学知识，差不多都有涉及，这是一本中学毕业生都觉得难懂的书。而爱迪生觉得这本书就好像为他打开了一扇大门，使他看到了一个崭新的世界。爱迪生如饥似渴地读完了这本名著。

◎狄更斯：英国现实主义作家，是继莎士比亚之后对世界文学产生巨大影响的小说家。代表作有《匹克威克外传》、《双城记》等。

经过母亲这位优秀教师的启蒙，阿尔在10岁时便读完了吉本的《罗马帝国衰亡史》、休谟的《英国史》、席尔的《世界史》。他还读过托马斯·潘恩的著作，潘恩在书中论述政治与神学等问题的真知灼见吸引了他，并且影响了他一生。

阿尔读过牛顿的《自然哲学的数学原理》。不过，他声称自己不喜欢数学。他曾说："如果牛顿少知道些数学问题，他的知识面就会更宽些。"爱迪生把数学看成是一种数字工具，可以用它完成推理的逻辑结论，但数字却不能帮助人们理解这一结论。多年之后，爱迪生向世人宣称：“我不是数学家，但我在这一领域里的名次可以处于领先地位。”他还说：“我可以雇佣数学家，而他们却不能雇佣我。”爱迪生之所以在财富的积聚上远远超过了大多数数学家，就是因为他夜以继日地做实验并能把发明很快运用到生产领域。

爱迪生对数学的看法未必是对的，但这反映了他的独特见解。小小年纪就说出惊人之语，难能可贵。

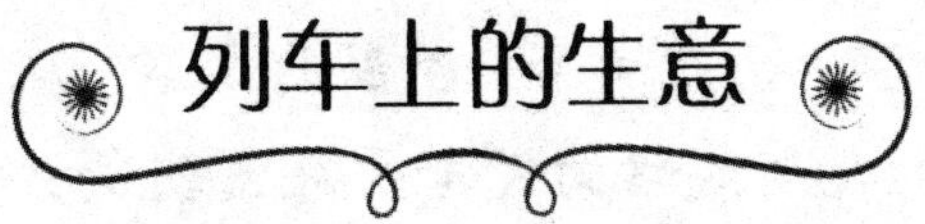

列车上的生意

1859年的一天，吃过早饭后，塞缪尔像往常一样拿起报纸翻阅起来。突然，他拍了一下报纸，兴奋地大声说道：“太好了，主干线通车了！”全家人听到这个消息，都高兴地围过来，听他念报纸上的新闻。

塞缪尔所说的主干线，指的是格兰德伦克铁路。它起于缅因州的波特兰，止于圣克莱尔河东岸的萨尼亚。在圣克莱尔河的西岸，还开辟了连接萨尼亚与休伦港的轮渡；与此同时，还开辟了从休伦港到底特律的南北单行线。也就是说，铁路通到了他们的家门口。

铁路的开通给当地带来商机。爱迪生听说从底特律到休伦港的新铁路上需要一个男孩在火车上卖水果和饼子，铁路公司不付任何报酬，但可以用很少的钱进货，然后在火车上用高一点的价钱卖出去。爱迪生觉得这份工作可以得到很好的收益，所以他下决心要争取到这份工作。

爱迪生告诉母亲自己想到火车上去卖水果和饼子，但母亲极力反对他的想法。经过对母亲的耐心劝说和起誓保证，他终于在休伦港驶往底特律的早班列车上做了报童。

爱迪生很快就以与众不同的方式显示了其天才般的经营才能。爱迪生做报童的那趟火车是每天清晨7点驶离休伦港，10点抵达底特律，下午5点半返回，9点半到达休伦港。火车到底特律后他先去报馆批报，准备在归途上卖。每当火车抵达车站后，没售完的报纸就会被在车站玩耍的孩子们抢去帮他卖掉。

很快，铁路局又开通了一条新的线路，从底特律到格拉提渥（wò）加，新线路的火车是每天朝发夕归。爱迪生在这趟车上派遣了一名报童。后来每天早晨他把从底特律贩来的两筐蔬菜装上火车，火车到站后，他的助手便把菜运到他租下的由另一个小孩看管的摊上去。从底特律贩来的蔬菜比当地的蔬菜新鲜得多，销售量日渐增加。

爱迪生不只是卖菜，他还利用这条铁路逐渐发展了多种经营。他帮农民们将新鲜的奶酪运给底特律的果商。由于爱迪生及时掌握了各种水果成熟的知识，所以除了浆果以外，他还贩卖各种应时水果。车上的人对于他的经营活动渐渐产生兴趣，他们既佩服他的工作热忱，也感激他能使他们买到物美价廉的东西。在他们眼里，爱迪生简直就是一位出色的商人。

与此同时，新干线上又增加了一趟列车，在这趟列车上爱迪生又雇了一个男孩做他的帮手。

这样他每天能收入好几元钱，相当于当时一个成年人一

天的劳动收入。几个月之后，爱迪生就能在一星期内赚到20美元，这在当时已算是一笔不小的收入，对一个孩子来说更是如此。

爱迪生辛辛苦苦地在火车上工作了几个月之后，他在休伦港开了两个店铺——一家出售期刊，另一家卖蔬菜、黄油和时令水果。一个店铺雇佣一个伙计，他们共同分享利润。爱迪生的两家店铺的生意很好，营业收入也很乐观，每天爱迪生都会从营业收入中抽出一元钱交给母亲贴补家用。余下的除了吃饭以外，全部用来购买书籍和实验用品了。很久以来，他都不曾乱花一分钱。

忙碌的工作没能影响爱迪生的求知欲。火车进入底特律火车站后，要在那里停留六个小时，每当这时，爱迪生匆忙打理好他的商务，就赶到阅览室去读书。那是由青年人协会承办的一个阅览室，很快那里就被改建为底特律公共图书馆。馆中有各种各样的书籍，藏书有1.6万部。每次爱迪生到图书馆去读书，都要读到火车即将开动时才匆忙离去。

爱迪生从图书馆的藏书中汲（jí）取知识，并立志："等我长大后，我要盖一所很大的研究室，里面还要建有一个图书馆，要像底特律图书馆一样大，藏书一样多。"为了实现这一理想，爱迪生一回到休伦港，就开始认真地做他的实验。他的工作经常把他累得精疲力尽，但是一回到地下实验室，看见自己心爱的实验用品，他就忘记了身心的疲劳，埋头去做实验。如果有搞不懂的地方，他就记在笔记本上。第二天再到底特律的图书馆去查找有关资料，图书成了他的第二位老师。他在图书馆读书时，经常是一边读书，一边做

笔记，还一边思考新的实验方法。回到休伦港后，他就将新的方法应用到实验当中去。他完全陶醉在这种全新知识的天地中，这也是他日后成功的原因之一。

铁路在当时的美国已经相当发达，但火车仍是旧式的，也就是由储藏室、抽烟室和载客室三节车厢组成一列简陋的火车。其中储藏室又分成了几个房间，一间放货物和行李，另一间放邮件，还有一间是简单的休息室。这间休息室由于不通风，空气污浊得令人窒息，所以并没有人来这里休息，休息室形同虚设造成浪费。

爱迪生又动起了脑筋："如果能把这间休息室当做实验室，那该多好啊。"

这事要列车长同意才行。列车长是个少言寡语的人，爱迪生一直找不到机会和他商量，只得静静地等候良机。

一天早上，那位列车长见到爱迪生，便微笑地向他打招呼："早安！怎么这么早就在休息，是不是报纸全卖完了？"

"全卖完了……大叔……"

爱迪生认为这是最好的机会，便鼓起勇气说："我有一件事想和您商量……"

"到底是什么事？"

"我想借用那间空的休息室，不知道可不可以？"

"你要那间空气不流通的房间做什么？当然可以借你使用，不过你要小心使用才行，不然一有损坏，我就不好向上级交待。"

"列车长，真谢谢您！我明天就开始使用。"

第二天，爱迪生就开始搬了些实验器材和药品到火车上来做实验。最初只有一点点药品，他把卖报的钱全部用在购买实验器材上，慢慢数目增加，变成一间完整的车内实验室了。

实验一旦开始，他需要随时观察试管内药品的反应，不可能再在车厢内跑来跑去做生意了。于是，爱迪生又想出了一个办法。那时美国小学在星期六和星期天都放假，他就让闲着的孩子乘车，在火车上替他卖糖果之类的食品。打定主意之后，爱迪生就开始按计划进行。孩子们也很乐意，因为他们能不花钱乘车旅行，又可以赚零用钱。采用了这个办法，爱迪生在星期六和星期天这两天的时间里，就可以没有顾虑地做他喜欢做的化学实验了。雷厉风行，想好了就做，这就是爱迪生的作风。一天工作结束了，爱迪生付给小帮手零用钱。小帮手把出售食品的钱交给他，爱迪生从来不点数。

爱迪生对金钱没有太大的兴趣，他只关心钱能买什么东西。亨利·福特说："不以蓄财为乐，是爱迪生的特色。"这个特色也可以看作是他成功的原因之一。

自办报纸

在智者的身上总能看到智慧的闪光。1862年初春，爱迪生又有了新发现，这个发现再次证明了他的生意经。当时正值美国南北战争，他发现报纸刊有战争消息其销量就比平时

大为增加。“如果能预先得到这类消息，先宣传一番，吸引人们的注意力，那么当天的报纸一定会大卖特卖的。”他想。

他将这个想法记在心中，他先找到了一个《底特律自由报》的排字工人，和排字工人约定在新闻稿送上印刷厂之前，先让他看一遍校样。这样，爱迪生便可以提前知道第二天报纸的内容，根据报纸内容来判断能卖出多少报纸，然后决定买进报纸的数量。

在一个春光明媚的下午，阿尔看到一群人围在底特律车站布告栏前读贴在那里的报纸。阿尔读了布告板上的新闻之后，得知许多人在夏伊洛战役中战死。他心想：“这可是一条重大新闻，必须让前方各站知道前线战事！”于是，他很快跑到车站的电信室，对电信员说：“拜托，拜托，请你马上拍电报给各站，要他们在车站布告栏里张贴夏伊洛激战的消息。”

由于这命令不是站长所发，电信员有些犹豫，不知如何是好，阿尔焦急地说：“请快点拍出去，像这样的消息，有必要争取时间尽快告诉大家。凡是有家人在战场上的，一定很关心。如果拍了，以后每天我送一份报纸给你。”

电信员听说每天会送一份报纸给他，便马上拍发电报。阿尔随即跑到《底特律自由报》报社。他对卖报的人说：“今天请多给我1000份报纸，现在我只有300份的钱，差多少钱我明天付给你。”报社的人很佩服他的智慧和胆识，所以毫不犹豫地将报纸赊给了他。

阿尔的帮手在站台上帮助他把一大捆报纸送上行李

车。在沿途各站的人们以高出平时好多倍的价钱把他的1000份报纸抢购一空。没有什么比阅读在夏伊洛牺牲或受伤者的名单更重要的，也许在死者或伤者当中会有他们的亲人。就这样他一下子赚到了一大笔钱。他卖完报回家后，平时总是给他母亲一个美元，但这一天他给母亲100美元，以此感谢母亲带给他的智慧。这是一次成功的商业活动，这次活动，给爱迪生留下了深刻的印象，这就是他看重电报发明的真实原因。

在长期的卖报生涯中，爱迪生深刻地认识到：报纸上的消息愈新，报纸的销路就愈好，因为每个人都想从报纸上得到最新的消息，只有最新的消息才能吸引人。在内战时期，每个人都争着抢着购买报纸，想早点了解战争的最新消息。同时，搭火车的人也都想看些有趣的报道和读物以消除旅途上的寂寞。鉴于此，爱迪生想，若能在车内发行报纸，销路肯定不错。实验的项目在逐渐增多，卖报的钱已经不能满足添置实验器材的需要，因此必须再多赚点钱才行。他打算自己发行报纸，他想如果自己发行报纸肯定会有更大的收益。

自己发行报纸并不是一件轻而易举的事，不仅需要印刷机，还要有新闻记者。印刷机的价格不低，爱迪生根本买不起；而且撰（zhuàn）稿人必须是行家，只有行家才能写出好的新闻报道，爱迪生也没有那么多钱出高价来聘请这些行家。钱是问题的关键。

一次，爱迪生在马路上散步，无意中在一家名叫路易斯的店铺里发现一家菜馆里印菜单的小型印刷机。爱迪生便买下了这架印刷机，实现了自办发行报纸的梦想。

他从来没有办过报，也不懂得撰写方式，所以便开始研究。爱迪生可以写一手好文章，很快他就能写出出色的新闻报道了。爱迪生的报纸很快就要发行了，他既是社长、记者、发行人，同时又是印刷工人和报童。办报的全过程都由他一个人包揽，所以他的工作十分繁重，但爱迪生并不觉得辛苦，反倒有一种成就感。爱迪生的报纸不能办成日报，因为采访新闻和写报道都需要很多时间。于是他把各地的主要消息收集起来，一周发行一次，并将自己这份报纸命名为主干线《先驱报》。“先驱”有进取的意思，以此作为报刊的名字倒是很合适的。爱迪生的聪明才智由此可见一斑。

爱迪生除了维持简单生活之外，买书籍和实验用品用去了收入的绝大部分。他将买的那些实验用品都放在火车上的休息室里，只要有时间他就着力于化学的研究。有时还会看到他摆弄着电池和一些瓶瓶罐罐。在颠簸的旅行中他还在潜心钻研德国大学教授弗瑞森斯的《定性化学分析》。

天有不测风云，人有旦夕祸福。有一天，火车开到离休伦港约十公里的地方，经过一段曲折的路基，因路轨铺得不太整齐，车身忽然震动起来。有一件仪器掉在地上，“轰”的一声，正埋头做实验的阿尔急忙回头，原来是实验室里放磷（lín）块的玻璃瓶从架子上滚落下来，瓶子打得粉碎，而那块磷因摩擦起了火，很快把车厢地板也燃着了。爱迪生被吓坏了，连忙把自己身上的衣服脱下来，想扑灭那迅速燃烧的火，可是火势愈来愈大，愈烧愈猛。

烟雾从门缝钻出来，被相邻车厢的乘客发现了，“失火了，失火了！”大家惊慌失措，哭的哭，喊的喊，乱成一

团。乘警和列车长闻声赶来，一起扑灭了火。但整个车厢已是一片狼藉。列车长的手指也被烧伤了。

列车长大怒，扬起手臂，狠狠地打了爱迪生一个耳光。这真是雪上加霜，爱迪生原来就已经听力受损的右耳，经受这么猛力的一掴（guó）后，“嗡”的一声，耳膜破了。

“你真让我失望。我没法再留你在车上了！”列车长余怒未消地说。

火车一到站，乘警就毫不客气地把爱迪生的各种瓶瓶罐罐扔下了车。爱迪生费了无数心血建立起来的实验室就这么毁于一旦。

爱迪生就这样回到了家。

不过，他很快又有了新的实验场所，这是母亲重新为他开辟的。为了防止意外，新实验室设在他家的顶楼上，地窖里只堆放器材和杂物。从此，科学实验照常进行。一点小挫折怎么能难住爱迪生呢？

“不务正业”的电报员

在爱迪生15岁那年发生了一件事，就是这件事改写了他的历史。

那是8月的一个早晨，爱迪生像往常一样在主干线铁路上卖报纸，在行进途中他看到一个3岁左右的男孩正站在铁轨中间玩抛石子的游戏。突然有一列货车从他身后向他驶来，而那男孩根本不知道自己已身处险境。

发现险情的爱迪生急忙扔下报纸和帽子，冲上路轨去抢救那个男孩。爱迪生抱着那男孩摔倒在尖锐碎石铺成的路基上。由于爱迪生的速度非常快，他们摔得很重，以至皮肉里嵌进了许多碎石渣。

巧的是，孩子的父亲麦肯齐先生是这个火车站的站长，他非常感激爱迪生，决定报答他。

“孩子，想不想学习发电报的技术？”

爱迪生不禁喜出望外。自从那一次他借助电报的作用发布夏洛伊战争的消息，从而使自己的报纸大赚了一笔后，他就对电报产生了浓厚的兴趣。

从那以后，爱迪生一面在车站卖报，一面在发报室做见习报务员。当他以一个正式报务员的身份加入车站工作人员的行列时，前后只用了三四个月的时间。

在当时，电报还是一个新生事物，当时没有多少人能够收发电报，最好的报务员每分钟只能收45个字，想干好这行的确很难。所以，能收发电报的人几乎到哪儿都能找到工作。爱迪生放弃了多年的卖报工作回到休伦港，他想要开始一种新的工作。

掌握了电信技术的爱迪生打算做一件非常重要的事情，他要找到一个能运用这种新的电报技术的地方。他找到一个店铺，这个店铺设在休伦港的一条主街上。那里有空地方，只要付钱就能用。然后，他从自己的电信局到休伦站间架了大约1.5公里的电线，他准备开办自己的电信局，只要付钱就可以发电报。

爱迪生的电信局开张很久了，可一直没有多少生意，并

不是因为他是少年，或者镇上的人不相信他的技术，而是这个小镇上，早已有了另一家电信局。因此爱迪生在这里没有多少顾客，他也就不能以收发电报来挣钱。

托马斯·沃勒是另一家电信局的负责人。沃勒在他的店铺里经营许多项目：珠宝、书籍、钟表。沃勒急于参军，在离职以前，他急需找一个能够顶替他的人。阿尔聪明伶俐，又是火车站长麦肯齐的徒弟，当然是最合适的人选了。于是爱迪生顶替沃勒，负责电信局的工作并且经营店铺。

爱迪生接手了沃勒的电信局令他十分兴奋，他对这份工作实在太感兴趣了。他不仅能自由自在地工作，而且由于电报房的办公室又是珠宝店的一部分，表匠的工具也放在这里。他可以随意使用这些工具，用来制造自己的电讯设备。此外，爱迪生还能在夜里“偷学”那位接收通讯稿的电报员的经验；老板铺子里还有好多科学杂志、技术图书，可以免费翻阅，这又为他提供了很充分的学习条件。

在爱迪生16岁那年，经麦肯齐介绍，他做了主干线铁路斯特拉福特枢纽站的电报员。

那年冬天，天气奇冷，连接休伦港和加拿大城市萨尼亚的大湖冰封雪冻，水底电缆被尖锐的冰块划断了，湖面停止了交通，两座城市的通信也处于瘫痪状态，这是很可怕的事。在这种情况下，人们都在急切地寻找解决问题的办法，阿尔提议如果能给他一辆车头和一个司机，他便可以和对岸通讯。万般无奈的铁路公司只得同意了。他爬上了靠近湖边的休伦港路段的一辆机车，拉响了汽笛，用笛声发送莫尔斯电码。对岸的人被这长长短短的气笛声吸引了，大家都聚集

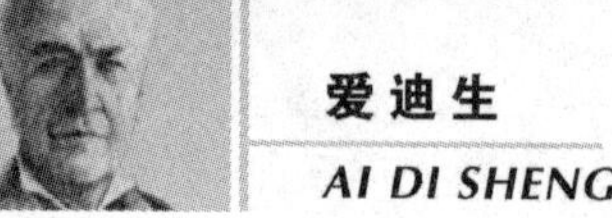

在岸边倾听。这笛声不久便被加拿大的一个电报员听到，马上跳进那边的火车，也发出汽笛回答。

就这样两座城市又恢复了通讯。这件事反映了爱迪生天才的创造力。

在斯特拉福特，爱迪生主动要求上夜班。一般人是不爱上夜班的，因为晨昏颠倒的滋味可不好受。但爱迪生自有打算，他是想把白天的时间都省出来继续从事科学实验，而晚上的工作，他自认为应付起来很容易。

在铁路行业，有一个通行的规矩，就是夜里每隔一小时，值班的电报员就要发出一个信号，表示有人在坚守岗位。这样规定的目的，一来是为了防止值班人员偷懒睡觉，二来也是为了避免有紧急情况需要联络时，不至于无人值守而误事。

爱迪生干了没几天，就觉得这个规定太死板了。因为他白天要做实验，如果整个晚上还要定时发信号，那就根本没有时间休息了。他决定想个法子把自己解脱出来。

他制作了一个带缺口的轮，又从镇上购来一架闹钟，将带缺口的轮与钟表连接在一起，在缺口轮上安装一个小棒。钟表走，缺口轮也跟着转，每隔一小时，就接通一次电路，小棒就会从缺口轮上落下来，叩在发报机的按键上，发出固定的信号。

这个装置是他的第一项发明。以后，爱迪生晚上就可以放心地做实验或是睡大觉了。

“忠于职守”的自动发报设备每天晚上在固定时间发出信号，这可比人的准确性高多了。结果毫不知情的上司逢人

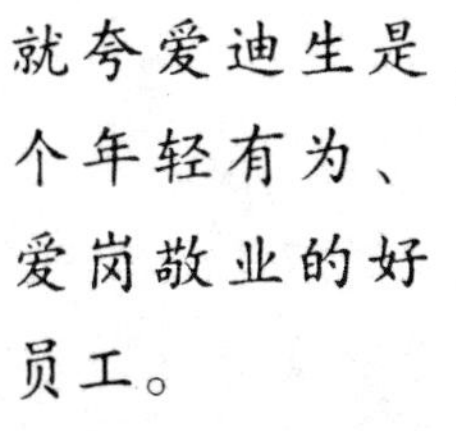

就夸爱迪生是个年轻有为、爱岗敬业的好员工。

“要想人不知，除非己莫为”，这句古话说得千真万确。

一天晚上，主任又来查岗，却见年轻的爱迪生正躺在靠椅上睡觉，嘴角还带着微笑呢。

主任心里纳闷：你以前干得挺好，怎么今天却睡起大觉来？我可要看看你能否在整点准时醒来，给我发信号；否则，我不会对你客气。

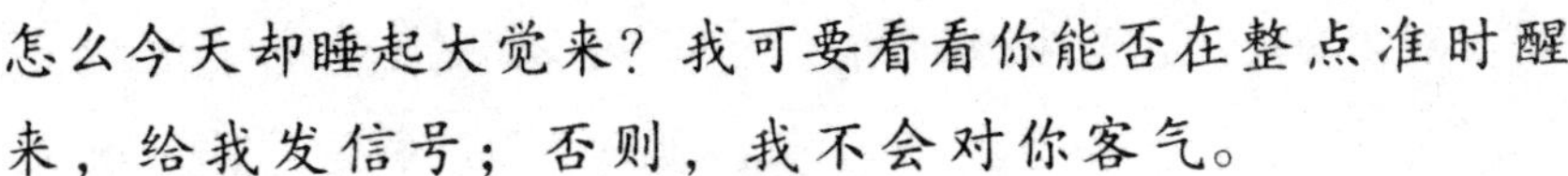

主任耐心地等待着，谁知钟表正点最后一次敲响的时候，连在发报机上的一个莫名其妙的玩意儿，及时地把信号发出去了。

“好小子，有能耐！”主任感叹道。

爱迪生还是被解雇了，老板不能容忍爱迪生欺骗上司的“发明”。

爱迪生17岁至20岁这4年中，在美国过着漂泊不定的电报员生活，从这里换到那里，有时甚至连生活都没有保障。这4年中，爱迪生换了10个工作地点。其中5个地点是自己辞职不干，而另5个地方则是被免职。

在老板的眼里，他是“不务正业”；而真正的原因是，他不满足于做一个普通的电报员，他的理想是做一个给人类造福的发明家。

艰难的经历

爱迪生在休伦港铁路局遭解雇后不久，被西方联合公司录用为白班电报员。

爱迪生的工作是白班业务，晚上他应该踏踏实实地在家里好好休息。偏偏他是个闲不住的人，他想多学一点儿。每天晚上，他都替换晚班的报务员接收通讯稿。这可是晚班报务员求之不得的事儿。

刚开始，爱迪生收发报的速度还能跟上对方。没过多久，对方换了一个高水平的人，他可就应付不了了。真是“天外有天，人外有人”，连爱迪生这么好的技术都有点儿招架不住了，怎么办呢？爱迪生发明创造的天分又开始“蠢蠢欲动”。

他想出了办法：把两台接收电码的仪器安装在一起，一

台按原来的速度接收，另一台转换成他可以接受的速度，从而将速度降到大约一分钟25个字左右。这就是二重电报机。这一发明确实解决了燃眉之急，可只能是暂时的，到关键时候可就出问题了。

那一年正赶上美国总统大选，有关大选的消息如同雪片般飞来，二重发报机招架不住了，爱迪生更是有点儿手忙脚乱。最让人着急的是消息都是第二天要发的，报纸正等着呢。新闻部门的人催了一遍又一遍，几乎踏破了门槛儿。

事情终于传到了公司经理那儿，经理大怒，他可容忍不了这既有损公司声誉又影响公司收入的事。就这样，随着二重发报机命运的终结，爱迪生又开始寻找下一个栖身之地。

这一次他来到西方联合公司辛辛那提分公司工作。

他每换一个工作地点，名气就大一次。人们知道爱迪生喜欢搞一些小发明、小创造。他总能利用他聪明的脑袋，想出一些小窍门，把复杂的工作变得简单。他表现突出，曾被提升为“一级雇员”，可他又一次离开了这家公司。

南北战争结束后，他去了孟菲斯。在那里，爱迪生又研制出一种电报接收器，大大提高了电报收发的效率。令人吃惊的是，这一消息被一家报纸报道后的第二天，爱迪生竟然被上司解雇了。可怜的爱迪生又失业了。

◎孟菲斯：美国田纳西州最大城市，密西西比河河港。

离开孟菲斯后，爱迪生又在路易斯维尔工作了两年。在这两年时间里，爱迪生练就了一手以高速度收发报的技术。

但这份工作也没能维持太长时间，他再一次被辞退了。事情的起因是这样的：

有一天，爱迪生正在接收电报，电文刚刚发出“约翰·比兹”的名字，信号突然断了。爱迪生当然知道约翰·比兹是谁，他正参加南方一州参议员竞选，名字早为大家所熟悉，而且人们根据选票的变化情况说约翰·比兹可能当选。

爱迪生心想：这肯定是一条非常重要的消息，可偏偏信号又断了。到底是什么消息呢？啊！肯定是约翰·比兹当选了！

于是，他擅做主张地补充了电文，宣布约翰·比兹当选。

次日，各家报纸纷纷在头版头条的位置刊登了这一消息。可随后大家知道约翰·比兹还未能当选，不得不赶紧补发更正声明。

爱迪生的胆大妄为震惊了新闻界，而他的老板则更为震惊。这次可以说约翰·比兹当选参议员，下次就说不定又说谁当选美国总统了。这样胆大包天的人，老板还敢再用他吗？

爱迪生又一次被解雇。

第二章

引人入胜的发明

- 重整旗鼓
- 第一桶金
- 丘比特之箭
- 改进自动发报机
- 门罗公园的魔术师
- 研制碳阻电话
- 电话之争
- 会说话的机器

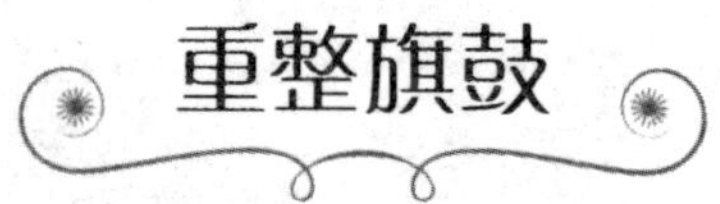

重整旗鼓

1868年底，21岁的爱迪生接受好朋友亚当斯的邀请，来到了东海岸城市波士顿。

波士顿与爱迪生曾工作过的中西部大不相同，这里的生活环境非常好，学术气氛浓。在波士顿公共图书馆可以读到很多难得的好书。这城市的北区，建筑奇特，街道笔直。这一切都吸引着年轻的爱迪生。

他又成为一家电报公司的电报员。在工作之余，继续搞他的发明。

他的工资不高，手头不太宽裕，只好勒紧裤带，省下钱来买实验器材。做实验的时候，他也常常遇到危险。

有一次，他做电学实验，不小心触了电，慌乱中又打翻了一个药瓶，里面的药水溅了一脸。要不是眼睛闭得快，他可能就成了瞎子了。爱迪生的耳朵已经有一只聋了，要是眼睛再瞎了，对于爱搞发明创造的爱迪生来说简直是无法想象的。

经过几个月废寝忘食的工作，他试制成一台自动投票记录机。这个设备上面有两个按钮，一个用来投赞成票，一个则用来投反对票。另外的一个木箱里装有两个配有刻度的指针。按动不同的按钮，指针就会做相应的移动。这样等投票结束后，赞成票和反对票各有多少就能一目了然地显示出来了。1868年11月，爱迪生为它申请了专利。

爱迪生满怀希望地去了华盛顿，请求议会采用他的

发明。

议会主席是个大胡子绅士，他在大厅里接待了爱迪生。

爱迪生兴致勃勃地对主席说："用了这种自动机器，议员们只要按按电钮，就可以把议会表决的票数统计出来了。"

令爱迪生想不到的是，议会主席听完介绍竟嘲笑地说："小伙子，世界上的所有发明，我们最不喜欢的就是你发明的这个玩意儿了！"

爱迪生一脸困惑，想问个究竟，却被赶了出来。他后来才知道原来议长在议会中属于少数派，少数派正是通过拖延时间来阻止某个议案的通过，而他发明的这架机器却要使他们的法宝失去作用。这种发明，他们怎么能够接受呢？

经过这件事，爱迪生悟出自己今后的发明方向：要把精力集中在社会需要的课题上，而不是为少数人的需要服务。

此时，二重发报机还占据着他的脑海。以前他发明过一个二重发报机，可那是暂时用的，不能够长久。现在他决定

背水一战，继续这项研究。

爱迪生每天把自己反锁在屋里，一心搞实验，饿了用面包充饥，渴了喝点清水，有时甚至一星期都不出门。

爱迪生在1869年初，向西方联合电报公司提出申请，要求在该公司的线路上试验。然而，西方联合公司对爱迪生的革新方案不感兴趣，拒绝了他。

爱迪生继而又向大西洋一太平洋电报公司提出申请。该公司表示对爱迪生的改良方案感兴趣，为使他完成这套设备的剩余部分，公司向他提供了800美元的资助。

然而，爱迪生的新设备虽然在实验室运行良好，可在进行长途线路的测试时却彻底失败了。爱迪生无比沮丧，他决定离开波士顿，奔赴纽约，重新开辟一片天地。

第一桶金

抵达纽约，爱迪生已经身无分文。他饥肠辘辘地走在大街上，街道两旁的餐馆里飘出的香气，让他不由得连连咽着口水。

走过一家茶叶店门口时，爱迪生瞥见里面正在进行免费试饮新茶的促销活动。

他灵机一动，走进去讨了一杯热气腾腾的红茶。咕咚咕咚几口喝下去，爱迪生觉得胃里舒服多了。他由衷地对店主说："这么好喝的红茶，我还是第一次喝到呢！"

店主听了这话，高兴得眉开眼笑，大方地送给爱迪生一小包样品茶。

爱迪生随后到了一家小吃店，拿出这包茶叶，和老板商议以物易物。老板闻出了茶叶的味道非常地道，就爽快地给了爱迪生一块苹果布丁和一杯热咖啡。爱迪生风卷残云般地吃了起来。

肚皮饱了，住处问题还没有解决。爱迪生只好露宿街头，度过了初到纽约的第一夜。

第二天，他从报纸上看到一份招聘电报师的广告。他去应聘，很顺利地便成了这家公司的雇员，并约定当晚上班。

爱迪生准时来到了电报室，却偶然听到了电报机发出一种不正常的声音。爱迪生知道机器马上就要出故障。果不出所料，五分钟后，一声怪响，机器停止了工作，一切信号都停止了。

当时，公司电报技师已下班，只有那个电报员值班。总经理进来，看见机器坏了，脸色一下子变了。此时的信息正关系着公司的生死存亡，电报技师不在，这可如何是好?

总经理急得团团转，公司的命运可全在这电报机上呀。突然，他看见新来的电报师在注视着电报机。总经理一点不了解这个新来的电报师的技术水平，但万般无奈之下，只有让他试试看了。

于是总经理问爱迪生："你能够马上修好它吗？"

爱迪生毫不迟疑地回答："能！"

"下次通报时间离现在只有十分钟了，你能够在十分钟内修好吗？"总经理一脸焦急的样子。

"可以。"爱迪生自信地回答。

总经理像遇到了救命恩人一般，一把拉住爱迪生的手说：“公司的存亡，全靠你了！”

只见爱迪生不慌不忙，拆开电报机，开始检修。爱迪生已同电报机打了不少年的交道，熟知电报机的结构和原理，这么点儿小故障算得了什么。

总经理紧张地看着手表，一分钟、两分钟、五分钟……当分针刚刚走过八分钟的时候，电报机就恢复了正常的响声。

总经理几乎不敢相信，又惊又喜，握住爱迪生的手，久久没有松开。

第二天，爱迪生就被提升为总电报技师，工资比原先高了好几倍。从此，爱迪生结束了颠沛流离的生活，有了安定的工作环境与工资待遇，为他以后的发明创造创造了良好的条件。

历经艰难的爱迪生终于摆脱了背运，他的生活、事业从此出现了转机。

爱迪生成了总电报技师，工资优厚，日常事情又不多，他有了更多可以自己支配的时间。有了钱又有了时间，爱迪生又搞起二重发报机来。

生活总是这样。一个人在不得志的时候，常常是祸不单行；但是，只要意志坚定，勇敢向前，崇高的理想就一定会实现。

爱迪生正是因为具有坚定勇敢的精神，才迎来了事业上的一个好的转机。

这一次，爱迪生的实验进展得十分顺利，不到两个月的时间，二重发报机就试制成功了。这台新式电报机传递信息速度特别快，很有实用价值，并很快得到了广泛的应用。

为了进一步发展自己的事业，爱迪生和两个朋友合伙开了一家电器制造公司。

朋友负责经营业务，爱迪生负责发明创造。他们公司生产的机器性能好，价钱公道，颇受市场欢迎，吸引了大批的用户。

没想到这一事件却引起了西方联合公司，也就是爱迪生原来工作过的公司的警惕。

他们深深知道，爱迪生聪明、有才智，是个不可多得的人才。于是想办法买下了爱迪生和他朋友开的这家电器公司，想以此办法逼爱迪生重新为他们这家公司工作。

爱迪生是一个很有意志而且倔强的人，要想留住爱迪生，公司老板很是花了一番心思：什么东西才能够留住爱迪生呢？豪华的住房？丰厚的待遇？还是……琢磨来，琢磨去，老板想到爱迪生最大的兴趣爱好是创造发明。对了，为爱迪生提供一个能让他踏踏实实地搞发明创造的环境，这样一来，爱迪生肯定满意，他的发明也能帮公司赚钱，真是一举两得！

老板开始找爱迪生谈他重返公司的条件了。

“只要你肯回来，我愿意为你提供实验所需的设备、经费和地方，这样你就可以专心地做实验，而不用为别的事操心了。”

爱迪生想了想，答应了老板的请求。一回公司，任务就来了：改良现有的股票情报印刷机。现在有了良好的实验条件，爱迪生很顺利地完成了任务。

任务完成后，老板将爱迪生叫到办公室，问他为这项工作要多少工钱。爱迪生对于钱的事不太在行，不知道该说些什么，只好什么也不说。

老板见爱迪生不说话，只好主动开口：“爱迪生先生，根据您的发明给我们公司带来的利润，我们决定付给您1万元。”

“1万元？”爱迪生简直不敢相信自己的耳朵，没想到这项发明竟然值这么多钱。

老板以为爱迪生对这点钱不满意，只好接着往上升：“那，2万元怎么样？”“2万！？”爱迪生还没从1万元的惊喜中回过神来，价钱又翻了一倍。

老板以为爱迪生仍然对这个数字不满意，为了今后他能继续为公司赚钱，他咬咬牙，一狠心，一跺脚：“那就4万元，这回您总该满意了吧！？”

“4万！？”爱迪生几乎要晕过去了。他做梦也没有想到，自己的发明这么值钱。

老板不知道爱迪生的想法，以为爱迪生还不满意，他有些着急了：“爱迪生先生，我们给您出的这个价已经是最高价了，您看……”

爱迪生勉强控制住自己那颗就要跳出来的心，连连说道：“满意！满意！我非常满意。”

其实爱迪生最初想至多拿3000元也就足够了，可他万万没有想到老板竟付给他了这么多的钱。

然而，老板付给爱迪生这么多钱是想留住爱迪生，可是

他这回失策了。爱迪生拿到4万元钱后，心想以后搞发明再也不用为经费发愁了，于是决定离开公司，按照他自己的设想，成立一个属于自己的工厂。

爱迪生用这一大笔钱在新泽西州建立了一个发明工厂，名叫纽瓦克工厂。他亲自担任电气工程师。另外，他还还清了在波士顿欠的债。他的发明过程历尽千辛万苦，从这时开始才进入全盛时期。

1871年4月的一天，爱迪生接到一封来自休伦港家中的电报：妈妈去世了。

这个消息令爱迪生非常难过。妈妈去世了，曾经引导他进入科学世界的最好的老师，世界上最好的妈妈，没见上她最后一面，便离开了这个世界。

他日夜兼程，赶回家乡。

在妈妈的墓地前，爱迪生默默地低着头。妈妈不仅给了他生命，而且教育了他、培养了他。在他退学时，妈妈没有责怪他，一直鼓励他、理解他，帮助他自学。

在他小时候因为做实验而闯祸时，妈妈从来没有责怪过他，而是耐心地教导他。

在他12岁开始独自一人出外谋生时，妈妈在他身后一直关注着他，妈妈就是他的强大后盾。

是妈妈的爱和理解保护了他又动脑筋、又动手的天性，这对他的发明创造无疑是极大的帮助。没有妈妈，就没有我们今天所熟悉的发明大王——爱迪生。

爱迪生在妈妈的墓碑前暗暗地发誓：一定要再发明些大众需要的东西，来报答妈妈的养育之恩。

丘比特之箭

就在爱迪生夜以继日地埋头工作之时，爱神丘比特之箭悄悄地瞄准了他。

1871年的秋天，当枫叶染红了街道时，爱迪生人生中另一个重要的女人出现在他的视野里。她叫玛丽·斯蒂威尔，是纽瓦克工作室新来的一名职员。

玛丽年方16，相貌秀丽，双眼皮大眼睛，鼻梁高挺，嘴唇有着圆润的弧线，头发浓密鬈曲，全身散发着娴静妩媚的气质。爱迪生看到她的第一眼就被深深地吸引住了。

做事果断的爱迪生面对心仪的姑娘，同样表现出干脆直爽的特点。一有空闲的时候，他就会来到玛丽工作的地方，用火热的目光看着她。玛丽在他的注视下常常羞红了脸，手足无措地不知该干什么才好。

没过几天，爱迪生就鼓起勇气向玛丽表白了自己对她的爱意。玛丽被他的大胆直爽吓住了。她张口结舌地不知该怎样回答。爱迪生用调皮的口气对她说："你不用紧张。除非你现在就想嫁给我，否则你不必急着答复我什么。"玛丽被他的话逗笑了，两个人之间的气氛一下子缓和下来。

从这以后，玛丽的心扉被打开了。她也开始将关注的目光越来越多地投向了爱迪生。在她眼里，爱迪生智慧过人、富有激情、充满活力；而且随着爱迪生的发明成果不断地投入市场，他的知名度越来越高，已经是远近闻名的青年才俊。能得到这样一个优秀的年轻人的青睐，哪个姑娘能不动

心呢？玛丽情感的天平很快就倾斜到爱迪生这边。

几个月后，爱迪生向玛丽正式求婚。玛丽高兴地答应了。虽然玛丽的父母考虑到女儿年纪还小，建议他们晚一年再结婚；但两颗火热的心已经不愿继续等待下去，他们决定就在这一年的圣诞节举行婚礼。

圣诞节在他们的期盼中很快到来了。当天，在礼堂里举行完仪式之后，来宾们被邀请到爱迪生的新居参加婚庆晚宴。

美味佳肴陆续摆上了桌子，宾客们也纷纷就座。可是此时的爱迪生似乎有点神不守舍。他眉头微蹙，眯缝着眼睛盯着眼前的桌布，不知在想些什么。玛丽注意到他的反常神态，就悄悄地拉了拉他的衣角。爱迪生察觉到了，抬起头来，对玛丽和旁边的几位宾客说道："非常抱歉，我要失陪一会儿。实验室里有件十分紧急的事情需要我去处理一下。"说完，他不等大家有所反应，就匆匆起身离去。

原来这段日子，自动发报机的研制正处于攻关阶段，因为几个技术上的难题，实验进入了死胡同。爱迪生每天都在苦思冥想着怎样才能突破目前的僵局。刚才他突然想出了一个新的解决方案，所以就顾不得自己是今晚的主角，离开宴席直奔实验室去了。

玛丽原以为爱迪生一会儿就能回来。可她左等右等，始终不见他的影子。眼看着饭菜都冷了，宾客们交头接耳，议论纷纷。玛丽不由又气又窘，她从来没有遇到过这样的场面。可现在她是惟一的女主人，她只好强作笑脸，装作若无其事的样子，招呼大家用餐。

就这样，玛丽如坐针毡地硬撑着主持完了晚宴。爱迪生竟然还是没有现身。原计划的一些庆祝活动也因为新郎的缺席只好取消。夜色渐深，宾客们等不及新郎回来了，开始陆续告辞。玛丽站在门口，带着歉意一一送走了客人。

等大厅里只剩下玛丽一个人时，她委屈的泪水终于忍不住夺眶而出。

当曙光映在实验室的窗玻璃上时，爱迪生还在里面忙碌着测试设备。

工程师约瑟夫·莫里刚好有事提早来到了实验室。他推开屋门，看到爱迪生正身着礼服埋头工作在实验桌旁，不由吃惊地喊道："爱迪生先生！你怎么会在这？昨晚不是你的新婚之夜吗？"

听到他的叫声，爱迪生如梦方醒，抬头看了一眼窗外说了声："糟糕！"然后收拾好手头的东西，急匆匆地向家中赶去。

爱迪生轻手轻脚地走进卧室，看见玛丽已经和衣躺在床上睡着了，她的眼睫毛上还闪着莹莹的泪珠。爱迪生暗暗心疼。等玛丽醒来后，他向她许诺说，以后绝不让她再受这样的委屈了。

事实上，爱迪生并没能履行自己的诺言。因为一工作起来他就会浑然忘我，常常通宵达旦地待在实验室里，让玛丽独守空房已经成了家常便饭。

玛丽一方面钦佩丈夫对事业的热爱和投入，一方面也渐渐习惯了他的工作方式，所以她默默地承担着家里的事情，这使爱迪生可以腾出更多的精力投入到发明实验中去。

改进自动发报机

纽瓦克工作室是爱迪生独立开办的第一个实验工厂。虽然身为整个实验工厂的负责人，但他从不一本正经地摆出领导的架势。每进行一个新项目的研究，他都是身先士卒，忘我地投入工作，待在实验室里的时间比任何人都要长。

他的工作台摆在一个不起眼的角落里。他常常会一连几天废寝忘食地伏案工作，有时累极了，就随便找个地方倒头就睡。有一次他居然一连睡了26个小时，中间只醒过一次，吃了点东西。

每当想出一个新的发明方案，他就会兴奋地大喝一声，一跃而起，身体扭动着乱蹦乱跳，就像是一个非洲原始部落的土著人似的。一开始，工人们被他的这种突然“发作”惊得目瞪口呆，时间久了，大家也习惯了他的这种庆祝方式，有时甚至会加入进来和他一起狂跳一气。

等狂欢过后，爱迪生就会把大家召集在一起，详细地讲解他的发明思路，让制图员、机械师等各工种的人都能领会他的意图，以保证他们能准确无误地实现他的设想。

纽瓦克工厂成立后，爱迪生的工作一直处于满负荷状态，但他以过人的精力将所有的事情打理得卓有成效。他迅速成为电报技术行业最出色的专家；他的实验发明涵盖了这个领域的方方面面：仅1872年和1873年两年时间，他就申请了差不多60项专利。

爱迪生在纽瓦克所完成的发明中，影响最大的是自动发报机和四通路发报机。这两项发明既给他带来了巨大的声誉，也使他经历了前所未有的挫折和麻烦。

自动发报机的最初发明者是亚历山大·贝恩。他发明的这种机器，用长孔和短孔表示莫尔斯电码的点线，用手工式两份穿孔的方式打在纸带上。然后把纸带传送进一个装有一枝铁笔的金属滚筒。铁笔穿过纸孔与滚筒接触时，电路就会自动接通。长、短孔使通电时间长短不同，这样，机器就可以用每分钟400个单词的速度自动发报了。但经过二十多年的使用，这种机器已经远远不能适应电报业的飞速发展。

为了改进自动发报机，爱迪生作了大量的准备。实验的第一个难题，就是要制作出一种新型的用化学试剂浸泡过的纸带，使它能更加高效实用。爱迪生通过各种渠道，从纽约、伦敦、巴黎等地买来各种化学和化工书籍，没日没夜地研究了起来。整整6个星期，他吃饭都不离开工作台，将所有的材料读完，做了厚厚的一本笔记，进行了两千多次实验，终于得出了他想要的结果。

此外，因为原来的机器在每一个信号收尾时，电流都要拖长，这样就会与下一个信号混连在一起，使信号失真。为了解决这个问题，爱迪生在接收机里安装了分电路。每一个信号结束后，这个分电路就会产生逆电极的逆电流，这样就能使每个信号的收尾变得干净利落。

爱迪生对发送带则进行了全新的设计。他用圆形的单孔表示莫尔斯电码中的点，而线则用三个孔表示。三个孔一个在上，两个在下，呈三角形排列，发送设备由一只转鼓和两

只平行的轮组成。当代表点的孔从其中的一只轮下通过时，电流立即接通。而当代表线的三个孔通过时，第一只轮先与纸带接触，然后上孔继续通过第二只轮，这时第一只轮又与下面的两个孔接通，这样就形成了一条线。如此一来，点线长短分明，易于分辨。

经过试验，这种改进型的自动发报机平均每分钟可以拍发五百多个单词，发报效率大大提高。

有了爱迪生的发明，自动发报公司大受鼓舞，对公司前景充满了信心。他们甚至想把这种新型的发报系统卖给英国邮电部。英国方面对这台设备很感兴趣，希望看看实际的演示效果。于是爱迪生带着一名助手，欣然乘船远渡英国。

英国邮电部对试验的规定是，从利物浦向伦敦发报，每半小时发一次，持续六小时。助手去了利物浦，爱迪生则亲自上阵，驻守伦敦负责接收。

但是试验并非一帆风顺。一开始，设备运行的情况非常糟糕。幸亏爱迪生灵机一动，及时购买了一种高级的电池组，这才弥补了设备的缺陷，使试验最终取得了成功。

这时有人向爱迪生建议说，可以把这个设备用于海底通讯电缆。喜欢探索新领域的爱迪生一听这是个新课题，就未加深思熟虑，兴冲冲地开始了试验。但是他没有意识到，电缆在水底盘成圈所形成的线圈感应，会造成信号的失真。

整整两个星期，试验毫无突破。爱迪生自信心大受打击。他无比沮丧地告别了伦敦，返回美国。

这次英国之行给他留下了十分恶劣的印象。以至于每当

有人问他访问英国的感想时，他总会情不自禁地流露出厌恶的神情。

门罗公园的魔术师

在宾夕法尼亚铁路附近，距离纽约二十多公里的地方，坐落着风景如画的门罗公园。这里虽然毗邻繁华的大都市，但除了清晨或黄昏时分，住在附近的人们偶尔会三三两两地在这儿悠闲散步，其他时候几乎很少有人来，是难得的僻静之地。

1876年春天的一个早晨，几个孩子在公园里的树林中相互追逐着跑过来，嬉闹声惊飞了树上的鸟雀。

“你们这些短腿青蛙，追不上我的！”跑得最快的一个男孩得意地边跑边喊，“我到老地方等你们！”说着，他一溜烟儿地跑远了。

可没多会儿，他就在树林深处叫起来：“快来看呀！”他的声音听起来有点异样，准是发现了什么稀奇的东西。

“怎么啦？”后面的几个同伴气喘吁吁地叫着赶了过去。

眼前的情景让他们吃惊得瞪大了眼睛。几天不见，他们经常来做游戏的一片空地已经面目全非，地上堆了很多的石头木料。一个满头银发的老头正指挥着几个工人搬运东西。

孩子们站在一边看傻了眼。

“他们在干什么？”

“好像是在盖房子。”

“那我们以后到哪儿玩呢？”

“就是，他们怎么把我们的地方给占了？”

那位老人听到了他们唧唧喳喳的议论声，回头看了一下，就微笑着走了过来。

“怎么了，孩子们？”他和颜悦色地问。

“你们是在盖房子吗？”一个男孩问。

“是的，我们在盖魔术工厂。”老人回答。

“魔术工厂？”孩子们张着嘴巴面面相觑。

“它是干什么的？”“是魔术师的工厂吗？”“是变魔术的工厂吗？”孩子们七嘴八舌地问着。

老人禁不住哈哈大笑起来：“别着急，孩子们。以后你们就会明白了。”

“爱迪生先生，您过来看一下，这样行吗？”一个工人向这边喊道。

“孩子们，看来你们要换个地方玩了。”老人说完，转身走了。

几个孩子呆呆地站在原地，看着工人们忙碌的身影往来穿梭。

以后的几个月里，好奇的孩子们经常到这里打探情况。眼看着房子一天天显露出了雏形，最终变成了一幢二十多米长、十米宽的两层建筑。

随后不久，很多看上去稀奇古怪的机器设备被运到这里来。等所有的东西都安置好了，就来了好多人，开始在这幢房子里进进出出地工作起来。他们中一个领头的年轻人，大

家也叫他爱迪生先生。

很快地，附近的居民都知道，这个新建筑是一位名叫阿尔瓦·爱迪生的发明家的实验工厂。

原来，自从1873年爱迪生的第一个孩子出生后，家里的空间就显得过于狭小。此外，纽瓦克工厂所处的狭窄灰暗的街道、喧闹嘈杂的环境也非常影响研究人员的工作情绪。爱迪生一直想寻找一个安静宽敞的地方，改善生活和工作的环境。临近1876年的时候，玛丽又有了身孕，爱迪生终于下定了搬迁的决心。于是他委托父亲为他们选择新址：

塞缪尔·爱迪生虽然已是古稀老人，但为了支持儿子的事业，还是亲自出马，不辞劳苦地四处张罗，最终选定了交通便利、环境清幽且房价便宜的门罗公园。

以后的事实证明，这一次搬迁是极为明智和成功的，它不仅为爱迪生的事业开辟了一片全新的天地，也使原本默默无闻的门罗公园因为爱迪生的到来，没过几年就成为了举世闻名的地方。

门罗实验室每10天就有一个较小的发明，每5个月就有一个大的发明。原来在纽瓦克的一些出类拔萃的人物都跟随爱迪生来到这里。不久，爱迪生又雇佣了后来成为普林斯顿大学教授的数学家弗兰西斯·厄普顿和玻璃吹制工路德维格·贝姆等被他称为“朋友兼同事”的能工巧匠。这个研究所，竟成了美国许多大型工业研究机构的鼻祖，对美国重视实用科学研究的传统的形成产生了重要影响。

爱迪生的生活、工作都没有规律。这种根据工作需要灵活掌握时间的生活方式，是爱迪生处理日常事物的特点。

在他的头脑中不断产生一些新的设想。不论是与朋友共进晚餐，或是交谈之时，只要他有了新的设想，就随时掏出笔记本记下自己的想法。一本笔记能连用几个星期的时候很少，

许多笔记本用不了几天就写满了。爱迪生一生共用了3400个笔记本，现在这些笔记本都保存在博物馆里，成为研究爱迪生发明过程的宝贵资料。

研制碳阻电话

在门罗公园，爱迪生把相当大的精力投入到电话的发明上。

正当爱迪生为电话机能够准确地传送声音而费神的时候，另外有两位科学家也产生了同样的想法，并开始从事电话的发明研究。那就是有名的亚历山大·格雷厄姆·贝尔和伊莱沙·格雷。虽然只是偶然，但是却已表明，电话的研究引起了竞争。爱迪生的研究出现了可喜的进展，他便于1876年1月14日向专利许可局申请“许可权保护”。就是说，近日就要提出申请许可，请保留不要接受研究项目相似的申请。

贝尔在1876年2月14日完成电话的发明，正式向美国政府申请发明电话机的专利许可证。

在同一天格雷也完成了这项发明，正式申请专利许可证。而格雷只比贝尔迟了两个小时。

可见当时他们的工作进度是多么接近！

开始的时候，人们只认为贝尔发明的电话很有趣，但并没认识到它的用处。在费城的博览会中，这种电话竟被一些人当成了玩具。

然而，贝尔不甘心他的发明被人们当做玩具，为了电话能在公众中推广，能发挥电话潜在的作用，他开了好几次演讲会，重复各种有关电话的说明。尽管遇到了很大的阻力，但是贝尔在不断的努力下还是见到了效果，他所发明的电话终于开始被人们使用。1877年第一份用电话发出的新闻电讯稿被送到美国波士顿的《世界报》，它标志着电话已被公众认可，并且开始使用。同年，贝尔成立了贝尔电话公司。电话从此开始了迅速发展。

西方联合公司的董事长威廉·奥顿听说贝尔公司成立时，心里感到不安，因此，他屈尊到门罗公园的爱迪生研究所请爱迪生改进电话。就这样，爱迪生在门罗公园的研究所开始了一项新的研究课题——电话的改进。而电话送话器是最突出的一项成果。

在当时，爱迪生没有关于电话方面的任何经验，也没有书本可以参考，只能凭想象。他认为，要让送话器和受话器分开是首要的工作。于是他跨入了一个全新的研究领域。爱迪生认为电话在构造上必须简易，声音才有可能清晰。爱迪生在寻找电话机中应用的材料时，忽然想起了“平衡电流法”，这是两年前在试验四重电报机时的一个发现，他思索着是否可以利用这种现象来改进电话机。

很快，爱迪生成功地发明了传话器，他的电话发音很洪亮，只是清晰度差一些，没有贝尔式电话清晰。

其实，西方联合公司对于爱迪生的电话试验非常关注，奥顿董事长和爱迪生也特别亲近起来。一般人对于这“电气玩具”的态度也在逐渐改变，用户也在逐渐地增加。那年春末，奥顿邀请爱迪生来纽约，要和他签订合同，合同规定西方联合公司有权采用他的一切发明，并答应5年中每周付给他150元酬金。

爱迪生便和西方联合公司的律师劳雷商议。30日后，合同签订了，爱迪生就把他的独立传话器呈请专利。

有一次，爱迪生把传话器放在一碗水的上面，从碗中引出一条湿纸来代替传话器的膜板，他又在膜板后面加上上千粒的小木炭屑，每粒炭屑下面又各自有一个弹簧，弹簧可以自由弹动。爱迪生发明的这种传话器就是微音器的前身。

同时，爱迪生还试验一种动力传话器，发话、收话都很成功。传话器中用黑铅或石墨时音质很清晰，但是音量不能使人满意。于是他用一块填满黑铅粉的圆布作试验。

爱迪生在1877年上半年的工作大概就是这样，这阶段的工作同样伴随着许多困扰与艰辛。他试验了载电电话机、静电电话机、电力电话。

爱迪生为了找到一种能够发出比贝尔电话声音更大的材料，他试验了五十余种不同的传话器和许多不同的电话机。每一部电话送出的声音比以前发明的电话的声音都大而清晰，但爱迪生对这些电话机仍感到不满意，他还要继续试验。

一天晚上，爱迪生在实验室做试验时，油灯不亮了。他发现一种被称为炭黑的东西把灯的玻璃罩子熏黑了。

爱迪生把这碳黑刮下来涂在一个金属的轮状物上，用这种物质制成了小盘装在电话里。产生了极佳的效果，它发音清晰，音量比使用电磁原理制造的电话要大几倍。

爱迪生的研究终于完成了。1877年4月，爱迪生申报了

这种碳阻电话传送器的专利，因为专利纠纷问题，爱迪生的这项专利直到1892年5月才得以批准。

爱迪生的“碳素送话机”和现在我们使用的一样，这种送话机比贝尔的更为优越。

在贝尔电话系统中，人的声音只是用来开闭控制任意强度电流的阀门。从应用的角度讲，爱迪生的授话器还具有另一个突出的优点：在贝尔系统中，通过导线，连接电话机的是原有的弱电流；但是在爱迪生的装置里，电流通过初级线圈，线圈就能产生与之相应的然而却要强得多的电流，这种电流通过导线传向接收机，通话的距离就从几英里一下提高到了数百英里。

电话到底是谁发明的，是爱迪生还是贝尔？这个问题反复提出讨论，双方在法院争论了11年之久，最后法庭判定贝尔是发明人，而使电话的性能更加完善的人则是爱迪生。

虽然法律长时间地对爱迪生的碳阻话筒技术不予承认，但西方联合公司还是想要爱迪生发明的送话器，希望能出让给他们。

爱迪生自己认为这项技术可值2.5万美元。他先请奥顿出价，奥顿的回答是10万美元。

爱迪生同意将这项技术转让给奥顿，但他有一个附加条件，即公司不要一次付清10万美元，而是每年付6000元，分16年付清。

爱迪生不善理财由此可见一斑，因为每年6000元只相当于10万元的利息，西方联邦公司只需要付利息就行了，爱迪生等于白白损失10万美元的本金。

电话之争

得到爱迪生的碳阻送话器的奥顿，自认为有了资本，于是便开始向贝尔发起进攻。不久，他在西方联合公司的支持下，用30万美元开办了美国电话公司。碳阻送话器一经采用，贝尔电话的用户立刻要求获得与此性能相同的通讯设备。

由此，在爱迪生与贝尔之间发生了非常激烈的争执。1878年秋，碳阻送话器被送到英国进行试验。试验成功以后，碳阻送话器又被送到英国皇家学院作展示。试验时，在线路的一端用了爱迪生的送话器，而另一端的收话器却是贝尔的电磁系统。因此，贝尔在伦敦的代表雷诺兹上校马上提出警告：除非爱迪生今后停止使用贝尔装置，否则将指控他侵犯专利。

爱迪生听说后，立即停止对白炽灯的研制，与全体研究人员一起全力以赴地投入了电话技术的攻关。

三个月后，一台被称为“扬声电活”的设备研制完成。它的制作原理是：用连在膜片上的弹簧顶住白垩（è）滚筒，从送话器方向传来不同强度的电流，控制着滚筒和弹簧间产生不同强度的摩擦力，从而振动薄膜，重现进入送话器的声音。

这种新型收话器回避了贝尔系统采用的方法，而且传出的声音更为洪亮，以至于有人抱怨说，几乎没法用它来传递秘密的事情，因为它的声音大得几乎整个房间的人都能听得

到，还比较清楚。

爱迪生和贝尔之间的竞争不只在美国日益升级，“战火”也迅速蔓延到了远隔重洋的英国。

英国的占劳德上校在伦敦成立了爱迪生电话公司，与当地的贝尔电话公司唱起了对台戏。两家公司为了争取客户展开了白热化的竞争。在伦敦的屋顶上，常常可以看见两家公司的安装工人故意给对方的线路弄点故障，一旦双方相遇，甚至会大打出手，惊动警察。

说实话，两家公司在技术上难分伯仲。爱迪生的电话系统的送话器技术领先，但收话器却时常出现莫名其妙的故障。而贝尔电话虽然送话器的技术落后，但听筒的性能却略胜一筹。

所以竞争到最后，两家公司竞争的焦点集中到了维修水平上。爱迪生甚至亲自出面选拔派赴伦敦的维修人员。他声称，不论是谁，只要能连续解决10个故障，每个故障不超过5分钟，就立刻派那个人去伦敦。

就在爱迪生和贝尔的电话之争进行得如火如荼（tú）的时候，1879年9月，英国邮电大臣突然宣布：个人电话公司必须向政府申请许可证才能营业。

面对共同的行业危机，爱迪生、贝尔两家公司权衡利弊后，决定握手言和。

1880年6月，两家在伦敦的公司合并为联合电话公司，向英国邮电部申请到30年的营业许可。

爱迪生在合并后的公司中获得了3万元的股份。至此，持续了3年之久的爱迪生—贝尔电话之争烟消云散。

会说话的机器

爱迪生在试验改进电话时，突然发现了一个新奇的现象。他发现传话器里的膜板，能随着说话的声音震动。声音高，震动快；声音低，就震动慢……灵感火花一下照亮了爱迪生智慧的大脑袋。他找到了发明那种机器的突破口——从研究震动开始。

一连几天，爱迪生吃不下饭，睡不着觉。他像着了魔一样，在实验室里进行探索性实验。当时正是盛夏，天气闷热。爱迪生待在实验室里，总是忙得大汗淋漓。他又顾不上吃饭，饿了只随手拿两个馅饼，渴了喝上一杯助手为他准备的咖啡。经过四天四夜的苦战，终于取得了突破。爱迪生压制不住心中的喜悦，在笔记上写着："试验证明，要把人的声音完整地贮存起来，什么时候需要就什么时候再放出来，是完全可以做到的。"

1877年8月20日清晨，爱迪生起得特别早。他兴冲冲地走进办公室，将一张机械设计图交给了他的助手，请他马上试制出来。这个助手是个技术很高明的机械师，他拿着图纸看了很久，可怎么也看不出来这是干什么用的。

"先生，这是什么玩意儿呀？"机械师忍不住问道。

"这是一台会说话的机器，请你赶快照图样做出来。"爱迪生把手一挥，急不可待地说。

机械师从来没有听说过有会说话的机器。他听了爱迪生的解释，脑海里打了一个大问号。"要想知道究竟，还是马

上制作出来吧。”机械师心里想。于是他马上赶到车间，照图样制作起来。

机器很快就按照爱迪生的图样制作出来了。爱迪生像往常一样，把热心的新闻记者们请到了门罗公园，他要当众试验他的新机器。

记者们如约而来，都想对爱迪生的新发明先睹为快。大家看到桌子上摆着一架机器，看模样并不复杂：金属筒、金属管、一个针头，手柄，还有金属筒上刻着的纹路。

有记者问道："请问爱迪生先生，这是架什么机器呢？"

爱迪生笑着说："这是架会说话的机器。"

"会说话的机器？"在场的人都不相信这台机器会说话，有的人还打趣地说，爱迪生在"开国际玩笑"。说实在的，不但当时的人们很难把这种古怪的机器同"会说话"联系起来，就是在今天，我们乍一看到这个东西，也很难猜出它是干什么用的。

爱迪生见大家一副不相信的样子，微微一笑，不慌不忙地说："大家别着急，等我给你们演示看它到底能不能说话。"

爱迪生将一切准备好后，他就开始摇手柄：一面转动，一面对着那个碗口大的金属筒唱起歌来："玛丽有只小白羊，它的绒毛白如霜……"

然后，爱迪生停下来，手柄摇回到原来位置。"大家注意听着。"爱迪生对在场的人说道。

场下寂静无声，大家都在聚精会神地听着。

只见爱迪生重新转动手柄，一个熟悉的声音顿时传入在场听众的耳朵，声音虽细微，却清晰入耳："玛丽有只小白羊，它的绒毛白如霜……"

这一下把大家都惊呆了。过了一会儿，不知是谁喊了起来："我的老天，真是会说话的机器呀！"

"您发明的机器叫什么名字呀？"记者们亲耳听到了机器在说话，再也不能不相信了，他们一个个都活跃起来，开始向爱迪生提问题。

"我给这架机器取名叫'留声机'。"爱迪生抚摸着心爱的机器说道。

门罗公园里沸腾了。记者们将这条消息传遍了全国，举国上下都为这项发明所震惊，人们称爱迪生为"门罗公园的魔术师"。

很快，爱迪生的这项发明传遍了世界。1878年春天，爱迪生在英国举办了留声机展览。法国政府还为这项发明给爱迪生颁发了奖金。为了表彰爱迪生的发明，美国总统在白宫接见了他。总统和政府官员观看了留声机表演，都赞不绝口。

但是，一件事情有人说好，必定有人说坏，尤其是新事物。有些人根据自己的想象对爱迪生的发明进行了一些不负责任的评论。他们怀疑爱迪生在机器里做了弊，说这只不过是一场魔术表演而已。

有一个纽约的牧师听说了关于留声机的事情，他不相信一堆金属组合到一起后可以模仿人说话。于是他亲自到门罗公园去观看留声机的表演。

到了门罗公园，爱迪生将留声机演示给他看。可他看了仍然认为爱迪生一定是耍了什么小把戏，把善良的人们给蒙骗了。他决定亲自试一试。

在征得爱迪生同意以后，牧师对着机器以令人难以置信的速度背诵出一堆人名，这堆人名莫名其妙、稀奇古怪，谁都没有听说过。爱迪生当然明白牧师的用意。“这只不过是给留声机又一个大显身手的机会而已。”爱迪生心想。

牧师跟爱迪生说：“我的表演结束了。现在看看你的机器是否能说出跟我所说的一样的话。”

爱迪生一笑，迅速将手柄复位，于是让牧师目瞪口呆的事情发生了，机器把牧师的话原封不动地重放了出来。一旁看热闹的人齐声叫好，只有牧师好长时间没有回过味儿来。

事后，牧师诚恳地向爱迪生表示了他的歉意：“爱迪生先生，在此之前，我一直以为留声机只不过是骗人的玩意儿而已，今天我才相信这一切都是真的。因为，世界上除了上帝以外，没有人能像我一样熟悉这些奇怪的名字。”

爱迪生也很诚挚地说：“新事物总是需要经过很长时间才能被人们所接受。我相信，总有一天，所有人都会像您一样了解真相，从而去接受它。”

像这样的事屡有发生。留声机刚传入英国时，人们也很难接受。

一位上了年纪的老先生被邀请录制声音，他很保守，根本就不相信留声机的效果。可是他分明听见自己的声音从机器里传出来，他一下子就吓得瘫倒在椅子里，失声叫道：“有鬼！”

◎红衣主教：天主教各大教区主教的俗称。因戴红帽、穿红衣之故，又称红衣主教。

还有一位大名鼎鼎的红衣主教先生也经不起诱惑，观看了一位推销留声机的少女的演示。事后，他诚恳地对那个女孩儿说："你真幸运！生活在这个时代。如果是上个世纪，你一定会被当成妖女烧死。"

看来，对于一个新生事物，人们总是很难接受，但经过一个认识的过程后，人们总是会接受的。爱迪生的留声机经过考验终于为大众所认同了。

爱迪生刚开始发明的留声机还很简单，他在原有的基础上不断改进。改进以后的留声机，声音清晰逼真，被人们广泛地使用。直到晚年，爱迪生还在努力改进留声机。

第三章

光明时代的到来

- 黎明之前的曙光
- 迈出成功的步伐
- 暴风雨中的拼搏
- 电车的发明

黎明之前的曙光

门罗公园的生活是愉快的，在那里爱迪生取得了多项重大发明的成功。这一时期他的儿子小托马斯·阿尔瓦·爱迪生降生了。与众不同的爱迪生在为儿女取名时也表现得与众不同，他用莫尔斯电码所使用的符号为女儿取名为“多特”，英文是“Dot”，意思是“点”，为儿子取名为“德西”，英文是“Dash”，意思是“长横线”。

爱迪生是一个与众不同的父亲。他喜欢孩子，但他同孩子们玩耍的方式却不受孩子们欢迎，因为实在不够温存体贴。当他与妻子和全家共度周末时，他与孩子们在一起玩粗野的游戏，开玩笑戏弄他们，孩子们常常被他气得哇哇大哭。

每当爱迪生进行发明试验时，往往会忘记一切。他似乎总在考虑他的试验，而没有注意到他的孩子。孩子们不理解他。爱迪生从来不像许多做父亲的那样，离开工作几天或几周，与全家一起旅行。放弃工作对他来说无异于是制造灾难。爱迪生工作起来是个废寝忘食的人，直到晚年，他也从没有度过假日。

1878年9月初，爱迪生在康涅狄克正式拜访了华莱士先生。当时，华莱士先生在爱迪生面前把他的“远距离发电机”连接起来，并且点亮了一盏弧光灯。看到这些爱迪生兴奋起来，他聚精会神地望着那架机器。他从发电机那里跑到弧光灯处，又从弧光灯处跑回发电机旁边。他伏案计算着发电机的电力和在传送电力时可能的损失，估算发电机在一天以至一年中所能节省的烧煤量，以及在制造时节省材料所带来的影响，于是他坦率地对华莱士说道："我相信在电灯的创造上我一定能将你击倒。我认为你的工作方向是错误的。"

离开了康涅狄克，爱迪生回到了门罗公园研究所，所有的事情他都置之不理，埋头研究电灯的问题，他试验了所有可以发光的气体，又阅读了几个煤气工程学会的会报。经过两夜的钻研，终于找到了答案。

爱迪生要求他的电灯系统必须具备煤气灯系统简单的特性，能够遍布各地，适合一切室内外照明之用。这种灯必须结构轻巧，价钱便宜，而且要无声、无臭、无烟，对人们的健康没有任何影响。爱迪生的思路是对现有理论的一个突破。他大胆地决定先把电流分路，再引入室内去点灯。这在一般的电学家们看来是不可能的。

爱迪生并不是研究电灯的第一人。早在19世纪初期，就有人探索用电来照明。在几十年里，不少科学家为这项研究作出了贡献。在爱迪生之前，已涌现出许多研究电灯的先驱。

多年来人们一直在努力寻找一种经济实用的电灯，在寻找的过程中，他们积累了很多失败的教训和成功的经验。1880年以前的很长时间里，人们普遍认识到制造电灯的可能性，但存在着一系列较大的技术障碍，理论与实践之间还有很大差距。

制造电灯，既要找到一种不易断的制造灯丝的材料，

又要保证玻璃容器内绝对的真空。实践起来很不容易。

尽管研制电灯有很多困难，爱迪生经过反复比较，决定集中精力研究白炽灯。他确信白炽灯成本低，耗电少，只要能解决寿命问题，就有成功的希望。

从1878年9月开始，门罗研究所成了研究电灯的战场。爱迪生是总指挥，有7个经验丰富的人做他的助手。爱迪生首先寻找适于制做灯丝的材料，并试图设计出最佳形状。在前一年的试验中，他使用过的材料包括炭化纸、玉米蕊和各种纤维，共达几十种之多，但均未成功。因为这些材料过于脆弱；另外，缺乏良好的真空技术。爱迪生在失败中不断地总结教训，并在不断地探索。

为了研究电灯，爱迪生不得不寻找经济资助。另一个出面支持他的人，是西方联合公司的总律师洛雷先生。洛雷建议先成立一家股份公司，以便为试验提供经济资助和专利申请。经过洛雷的努力，很快找到了几个股东，他们愿意拿出30万元来支持爱迪生搞电灯的发明，并提出与他合伙开办电灯公司，但应拥有爱迪生在电灯、电力和电热等方面的一切发明专利，并拥有将这些发明专利以颁发特许证的形式卖给他们的权利。

爱迪生欣然同意了。

现在，门罗研究所真是气象一新。实验室里，工作台一下子多了好几张。原来那点地方不够用了。爱迪生又亲自设计，在两层楼前面加盖了一幢房子，作为办公室和图书馆。还在大楼背后的空地上盖起一幢平房当机器间，那两架80马力的汽油机就装在里面。工作人员也增加到二百多人。

有了5万元的试验经费，爱迪生相信他能够发明一种取代煤气灯而且价格更为便宜的白炽灯，这种灯不会发出耀眼的火焰，不会发出噪音，也没有令人厌恶的黑烟，也就不会把天花板或家具熏黑。

在1878年秋天，爱迪生又重新用“炭”进行试验，但没有取得成功。在试验过的制灯丝的金属中，铂似乎是最理想的一种。于是他转向铂和类似铂的金属的试验，因为这些金属材料符合电阻高、散热慢的要求。同年10月5日，爱迪生提出了一份关于“铂丝电灯”的专利申请。

◎铂：一种金属元素，可制坩埚、蒸发皿，亦是化学上常用的催化剂。铂和铱的合金是制造自来水笔笔尖的材料。

当时制造的灯泡还被称作“燃烧器”。这种灯泡的灯丝，是铂丝烧成的双螺旋，它们之间再加一支金属棒。当灯丝热度接近铂丝的熔点时，金属棒便膨胀造成短路，灯泡温度降低，铂丝冷却的同时金属棒也冷却下来，于是电流再次通过。

这方法虽然巧妙，但发现并不可靠。

全世界的人们都在等待着爱迪生公布电灯发明成功的消息，而他也正在努力地改进。改进后的一种是利用玻璃管中热空气的膨胀作用，这一次比第一次的要完善多了。

爱迪生采用铂箔（bó）制成过一盏电灯，后来又把铂和铱（yī 一种金属元素，高温时可压成薄片或拉成丝）磨成末，和泥土等不导电的物质相混合，试制各种光度的电灯。金属质粒发热时，其氧化物也变成导体而发光了。

爱迪生对这次研究付出了全部精力，但成功还是遥遥无期。他曾把炭棒和铂杆相对地放着，两者间的阻力非常高，因此便发出白色的光来。他在这灯的下面悬一些重物，这样炭棒就经常地和铂杆保持接触。但这种灯发出的光忽明忽暗，难以应用到现实生活中。

爱迪生因为需要做大量的试验，用去了许多试验经费。这时他已经把5万元全花光了。更糟的是，他的一部分资助人的信念在开始动摇了。爱迪生决意邀请其中主要的几个人来门罗研究所，让他们看看他为什么还没有完全成功，他还需要他们的继续支持。

是否继续为爱迪生提供资助？那批银行家认真地思考着。洛雷的信念是不可能动摇的，由于他的苦苦劝诱，他们决定再拿出5万元钱来。又得到了5万元的资金，爱迪生再次投入了电灯的试验。

1879年以来，爱迪生把全部精力用在电灯的研究上。他耐心地研究并试验了制造白炽（chì）灯的每一种可能成功的方法。他试用过螺旋炭丝；他在真空的玻璃中传导电流，这也是后来霓虹灯的前身；他又设计出住宅中由电池供给电流的整个电灯系统。他下决心不但要克服那些困难，并且要征服那些一向讽嘲他的人们。他对科学的发明和进步充满了信心。

这时劳逊参与了门罗研究所的工作。劳逊对分析化学很有研究。矿石运进实验室后，先由他判别有没有铂或别的稀有金属，然后，再由另一个化学家进行检验。这个化学家名叫海德，大家都叫他“博士”，他也是刚刚加入门罗研

究所的。

这时爱迪生的试验还没有完全成功，究竟是什么因素阻止了他的试验进展呢？他正在研究价格的问题，希望能够节省一些材料。

“只有当电灯的价格合理时，大家才会欢迎的。”他试验了各种灯丝，但是所有这些都很昂贵，要用它们来制造电灯，推向市场后，也不会有太好的销路。

这年春天，爱迪生的试验相当顺利。他把钡（bèi）、铑（lǎo）、钌（liǎo）、钛（tài）、锆（gào）等稀有金属全试用过了。他在用这些物质制成的发光丝上涂了一层被他称为“绝热质氧化物溶液”。

他终于制成了一种高电阻的电灯，取得了令他满意的成绩。然而它的价格还是非常昂贵。如果能发现一个铂矿的话，困难也许就可以解决了。

第一盏较为成功的高电阻电灯中，爱迪生用的是一根细小的锆质的线轴，外面又绕着细的铂丝，再涂了一层氧化物来绝缘。他企图把这盏灯加以改进，决定放在真空中再做试验。爱迪生在进行新的试验时，发现气压表的指针转到相当角度后，突然地回复了原位。他起先以为是钟罩边上的油脂涂得太少，密封不好。

他问巴切勒，巴切勒说是漏气。可是他不久发现那是电线中的气体，因为电线在真空中有电流流过而发热，因而其中的气体被驱逐了出来。他根据这原理，把金属吸收的气体全抽出去。这样，真空状态就得到保证。金属线在逐出气体后质地变得坚实而匀称，耐得住高温，发出的亮光也比以前

更强了。

爱迪生坚持着这项试验，他更换各种不同的材料，制成许多不同直径、不同形状的灯丝。有些灯丝细得难以装进灯泡，有些只要一通电，立刻就会熔化。爱迪生还试制了一些复杂的灯具，他在灯上安装了电阻器、一个小金属轮来控制灯光的强弱。这样，电流的强度可以任意改变，既可以使电灯发出微弱的暗红色。又可以放出耀眼的光亮，以照遍房间的每一角落。

为保证玻璃容器内有一个良好的真空状态，爱迪生整日地忙着寻找达到高度真空的办法。他觉得除了德国的斯普林格设计的大型抽气机外，别的都不能满足他的要求。可是当时在美国没有那种大型抽气机。厄普顿告诉爱迪生普林斯顿大学的勃拉克特教授曾经备有一套类似的抽气机。

第二天，厄普顿前往普林斯顿大学向勃拉克特教授求助，一个人扛回了那架抽气机。爱迪生又从纽约定购了一些水银，亲自把那机器装配起来。在装好后，准备抽气。空气抽去后，金属线内部的气体全被抽出来，灯泡内终于发出明亮的光。

爱迪生一直以为炭丝是最理想的灯丝材料，他之所以放弃这种材料，只是因为以前的真空度不够，炭丝熔化得太快。现在，他又回到了炭丝的试验上，再次用各式各样的线、纤维和类似的物质做灯丝材料。

1879年4月12日爱迪生申请了真空白炽灯的专利。这种白炽灯和后来正式成功的电灯大致相同，只是发光的物质不同而已。

迈出成功的步伐

爱迪生经过长时间的潜心研究，用铂丝制成的白炽灯已经成功了，但由于铂的价格太高，不适宜于大范围地普及，不能普及的成果在爱迪生看来就算不上是成功的。所以他还要再研制出一种性能更好、价格更低廉、更适宜普及的电灯来。

爱迪生试验用的纸卷每次得从费城的吹玻璃人那里运来，这样既浪费时间又容易造成损失，这使他很烦恼。后来，他干脆雇了一个名叫波姆的青年为他制造“纸卷”。一天晚上，爱迪生留在实验室很晚，他顺手拿一块压缩的烟煤在手中搓着而头脑里还在想着别的什么，不知不觉地把手中的烟煤搓成一根细线，他望着这根细线突然想到，这也许就是优良电灯的材料。

爱迪生又拿起身边的一卷棉纱截下一小段，放在炉中熏了约一小时，再把它装在玻璃泡里，抽去空气，而后把电流接上。这脆弱的棉线立即发出耀目的光束，可是炭线经不住高电压的电流，不久就被烧断了。他把这断线放在显微镜下检查，发现经过炭化后的棉线变得异常地坚硬了，这个意外的发现使爱迪生兴奋起来。

于是他便更加努力试验。他放弃了用棉线的方法，试用木材的细条，接着又用稻草、纱纸、线、马尼拉麻绳、马鬃（zōng）、钓鱼线、麻栗、硬橡皮、栓（shuān）木、藤条、骨纤维，甚至人的胡须、头发等等，把它们当做材料来

试验，试图发现一种新的适合做灯丝的材料。爱迪生先后用了近1600种材料进行了实验，但都失败了。

从10月16日开始，经过他的探索，终于有了新的突破，这次爱迪生又重新使用棉线，他把棉线摆成各种圆弧形，然后放在一个密闭的金属盒内，经过几个小时的炭化处理后，打开金属盒后，棉丝已成为炭丝，把它装在一个玻璃灯泡里，接通电源。果然灯丝发出亮光。可是，这样的电灯只亮了一会儿，炭丝很快就被烧断了。

虽然炭丝的寿命很短，但它却给电灯的研究带来成功的希望。一百多年前，爱迪生就预见了电灯在生活中的作用，可见越是成功的科学家，越善于把握科学技术发展的历史潮流。

爱迪生立志要发明一种体积小、亮度大、寿命长、可任意开关的电灯。成百次的试验失败并不能使爱迪生气馁，反而屡败屡战，最后是毅力战胜了技术困难，以辛勤的劳动赢得了微乎其微的几率。在一天傍晚，爱迪生和助手们终于成功地把炭精丝装进了灯泡。一个德国籍的玻璃专家按照爱迪生的吩咐，把灯泡里的空气抽到了一个大气压的1%，封上了口。这为爱迪生的成功提供了先决条件，爱迪生接通电流，他们日思夜盼的美景终于出现在眼前：灯泡发出了金色的亮光！

这一天是1879年10月21日，后来世人就把这一天定为电灯发明日。连续用了45个小时后，这盏电灯的灯丝才被烧断，这是人类第一盏有广泛实用价值的电灯。

爱迪生终于闯过了难关，电灯试验成功了！

1879年11月1日，爱迪生申请并获得了炭丝灯的专利，当然爱迪生并没有陶醉于暂时的胜利之中。

于是，在其后的几个星期，他和助手们便投入了创造灯泡的工作。他不断改变灯泡的尺寸和形状，变换引入灯丝和密封灯泡的方法。

直到12月底，爱迪生才向人们宣布他的电灯试验大获成功的消息。为了利用传媒对电灯进行详实的介绍，他约了纽约《先驱报》的记者马歇尔·福克斯，允许他随意观察和随意提问，他们为他提供一切方便。

12月21日，福克斯在《先驱报》上最先发表了关于爱迪生发明电灯的震撼世界的报道，文章除了占据一个整版，还在下一版占了一栏。

爱迪生无意炫耀，也无需谦逊，他向人们宣布门罗公园将于1880年新年除夕用这种神奇的光源来照明。从圣诞节到新年这一周时间里，人们成群结队地前往门罗公园，去观看爱迪生奇迹般的“未来之光”。

1880年除夕晚会是一个不寻常的除夕晚会。在1879年最后一个天寒地冻、大雪纷飞的晚上，宾夕法尼亚铁路公司的火车载了3000人来到门罗公园。他们来自纽约和费城。

眼前的盛况使人们忘记了寒冷，到夜深12点还在灯光下徘徊，久久不肯散去，到处听到有人高喊：“爱迪生万岁，爱迪生万岁！”爱迪生的生命是有限的，但他的这项发明都将永远伴随着人类！

取得了巨大成功的爱迪生依然守在机器旁，保证电灯发光。他穿的是旧的、到处是破洞的脏衣服。他是个不起眼的

人物，谁也没有注意到他的存在。除夕晚会使用的电灯，寿命是170个小时，炭丝是用厚纸烘烤成的，用这样的炭丝做灯丝，就将电灯的寿命延长了一百多个小时，在短短两个月时间里，爱迪生就取得了这么大的进步。

对于除夕晚会上产生的戏剧效果，人们有各种各样的反应。爱迪生不断收到从各地发来的信、电报和礼物，人们称赞他是一个伟人。全世界各地的新闻记者都报道了这一盛况，他们一致认为，自从阿基米德（古希腊物理学家、数学家，静力学和流体静力学的奠基人）以来，爱迪生是当之无愧的最伟大的科学家，并且非常可能成为未来任何时代的最伟大的发明家。

在1879年岁末的门罗公园电灯展览之后，爱迪生对电灯设想的中心，一直是如何从中心发电装置向广大地区输送电力，而电网的设置，首先需完善的项目是：安装在居室、寓所和商业建筑里的电力设备。1880年1月初，他提出了关于电灯、制造真空的装置和一种特殊灯泡、灯架的专利申请。到年底之前，他的专利内容达56项之多，其中有2/3是有关电灯、发电机、辅助设备及各种形式的配电装置的申请。

在爱迪生的众多研究项目中，改进灯泡是主要的研究内容。爱迪生对白炽灯不断地进行改进，大约持续了10年。他认为，换灯泡无须找来电工专门操作。为解决这一问题，他反复进行试验。先是在灯泡下装配了木制插座，然后又将木制插座改为熟石膏插座。最后，爱迪生从煤油罐的螺旋盖上得到启示，发明了一种螺帽。

为了延长灯泡的寿命，提高灯光的质量，爱迪生想尽一切办法寻找适合制灯丝的材料。到1880年5月初，爱迪生拿起记事簿算了算，他试验过的植物纤维材料共约六千种。虽然灯泡试制成功了，但他总觉得灯丝结构还不尽如人意，质地不够匀称，因而发出的亮光也不能令人满意。

有一次，爱迪生很偶然地在试验室拾到一把薄葵扇。爱迪生把它拣起来，看了又看，看到它四周缠绕着的细细的一圈竹丝时他的眼睛一亮。由于他一直在思考着用哪种合理的纤维有机物来做灯丝，所以马上就把竹丝取下，交给助手立即做试验，没想到，效果空前好。爱迪生高兴极了，他决定，一定要找到世界上最好的竹子，制成电灯的灯丝。爱迪生详细地查阅了有关竹子的资料，目前已知的就有1200种，他准备把1200种的竹子，全部拿来实验。他的做法确实很彻底，他的毅力与魄力由此可见一斑。从研究所的人员中，选出20人组成调查队，准备了10万元费用前往世界各地生长竹子的国家和地区，详细掌握有关竹子的质量情况。爱迪生本人也亲自到西印度群岛中的牙买加岛，采集各种竹子的标本。

中国和日本产竹种类最多，所以就从中国和日本两国入手。爱迪生选定一种最合适的日本竹子，马上与日本农户订好合同，按时供应。日本农户善于改良竹种，以后的竹子质量越来越好，所制炭丝最为优秀，可持续一千多小时，真正延长了灯泡的寿命。

爱迪生的追求永无止境，他对于竹子做灯丝仍不能满意，于是他又发明了一种化学纤维代替竹灯丝，又把灯泡

质量提高了一步。以后，试验工作重新转向耐热的金属方面。最后才改用钨丝做灯丝。从此电气发光的效率，比以前增加3倍，使用范围也空前扩大，逐渐遍及全世界。1921年美国共造钨丝灯15497.1万盏，钨丝灯就是我们今天最常用的灯泡。

爱迪生持之以恒的努力终于获得成功。爱迪生发明电灯的事实，使得曾咒骂过爱迪生的人改变了看法，真心诚意地向电灯发明者道歉。有人在报上发表文章说："当1879年爱迪生先生发明白炽灯的消息传来时，许多科学家，特别是我自己，很怀疑这消息的真实性。那种马蹄形的优质灯丝，看来是支持不住震动的，而且似乎也无法长期地保持发射白光。然而，爱迪生先生却并不失望，他不顾别人的指责，坚持继续研究，终于获得了成功。我们对他这种坚定不移的信念，不得不表示衷心的敬佩。"

如同贝尔不是电话的唯一发明家一样，爱迪生也不是发明电灯的第一人。在爱迪生之前，英国电技工程师斯旺从40年代末即开始进行电灯的研究。经过近30年的努力，斯旺最终找到了适合做灯丝的炭丝。

1878年12月18日，斯旺试制成功了第一只白炽灯泡。此后不久，他还在纽卡斯尔化学协会上展示过他的炭丝灯泡。正是斯旺有关白炽灯实验的报告在美国的发表，给了爱迪生以重要的启示。

遗憾的是，斯旺不具有爱迪生那样的知识产权意识，他在发明白炽灯后，直到1880年才去申请专利，1889年才正式投产。而在灯泡投产之后，他未能像爱迪生那样建立相应的

发电站和输电网。这样就使得爱迪生后来居上，成了人们公认的白炽电灯的发明家。

电灯是19世纪末对人类生活改变最大的著名发明之一，也是爱迪生对人类最伟大的贡献。

暴风雨中的拼搏

要使电灯照明系统真正投入使用，必须有一套与之相配套的发电系统。这个系统还需要生产出巨大的电量。要设计完成这套供电系统，需要比研究电灯付出更多的精力与才智，而这项设计发明的成功将会带来更大的功绩。爱迪生先建立了一个直流发电站，继而又研制了一些主要设备：发电机、稳压器、开关、接线盒、绝缘带和保险丝等一系列配件，这一系列配套设备的研究，成功地保证了电灯大范围的投入使用。

白炽灯的成功发明，没有使爱迪生停滞不前。他把供电系统当做整个新体系中的一个发轫。这个系统是十分复杂的。

当时，最基本的发电机只有不完善的磁石式发电机，能量转化效率最高的电机，也只有4%的输出能量可以使用。

爱迪生对发电机的改造充满着自信。1879年夏天，他开始改进发电机。首先，为了获得强大的磁力，他开始研究发电机的构造的缠绕电圈的方法，他测试了电流的大小和磁力的强度后发现，即使加入超出某一程度的电流，磁力也只能

达到某一限度，并不会再增加，这种现象被称为饱和。发现了这种现象后，就可对电流加以控制而使其不至流到外面去。爱迪生就这样详细调查了发电机的每个部分，并且作各种研究和实验，结果成功地设计出比原来功率更大的发电机。

第一台爱迪生式的发电机是由克鲁制造完成的，经试用效果良好。1880年，爱迪生于门罗研究所准备试验样机，10台为一组，各有8马力。由低速汽机及繁复杆轴引动，但磨耗太大。于是，他又决定并10小机为一大机，改低速汽机为高速式，变杆轴间隔为直接联结法。爱迪生设计的这套发电系统第二年年初即告成功。这就是当时最大的发电机。

第一次试机之后，爱迪生亲自宣布，该机的发电率为90%。许多专家都对此表示怀疑。事实上，该机的电能转换率为80%，即便如此，这也算得上是惊人的成就了，因为它意味着爱迪生现在将发电机功率提高了一倍以上，并且这种发电方式一直沿用至今。

发电机的发明成功之后，爱迪生又开始研究电流的分布。他竭力设法把已经发现的几个缺点改正过来。其中有一个缺点便是离发电机最远的那盏灯因为电压的降低而昏黄不够亮，由于电线的阻力，在最远处的灯的亮度只相当于发电机附近灯光的2/3。

还有一个问题就是，铜的消耗量太大。从总线上分布的电线像树枝一样分布到遥远的地方去，这种分布方法造成了电力的浪费，妨碍了电灯的普遍推广。

经过反复试验，爱迪生想出了一种新的分布方法，即

把电线装攀在街道的两旁。一端和接地匣相连接，爱迪生称它为“总线”。用户和路灯的支线便可以从这些电线上接出来，不必直接和中央电厂连接。这样与中央电厂总线之间可以用相对较细的“馈（kuì）电”线联接。这种布局的结果颇为惊人。这方法只在馈电线上有电压降低，但这不足以影响电灯的亮度。输送电流至总线上的电压相当于电灯的平均电压。

爱迪生计划在纽约安装他的电灯系统。但是那些银行家们对此还是犹豫不决，因为这需要很大一笔投资。为保险起见，他们要求爱迪生先在门罗公园装置一个完全的小型电灯系统，如果成功，而且价格确实比用煤气灯低廉的话，那么他们才肯投资。

爱迪生发现早期的计量方法存在问题，直至1880年秋，他还在探索着解决这一问题的途径。经过多次试验，爱迪生终于解决了电的计量问题。他使用了电镀原理，即根据电量的不同，就有不同量的金属从阳极流向阴极的原理。通入用户房间的电流有极小的一部分被引出一对电池，每只电池都有两块浸在硫酸锌溶液里的锌板。两块电池的锌板成串联相接，造成相互制约，用户使用的电流量，与从阳极锌板流向阴极锌板的金属重量成正比。这样，只须称一称金属的重量，就可以计算出用电量。

解决了所有问题之后，这台巨大的发电机也就安装成功了。它的庞大的外观就连爱迪生的工人们也望而生畏，电机师们从来没有见过这样巨大的机器，它竟有8吨重。

1880年夏天，爱迪生意识到白炽灯的研究无论还有什么

困难，已经离成功不远了。他不仅预见了发展方向，而且也预见了它的规模，以及将给自己的机构带来的一系列的变化。

在1881年2月以前很长一段时间里，爱迪生的钱财如潮而至，但从此以后的12年间，由于他的电力事业的成功需要越来越复杂的金融管理。他本来就不擅此道，好在爱迪生很幸运地得到了一位在这方面具有丰富知识的人的帮助，他才没有陷入困境。

根据规定，只有符合纽约市煤气公司管理法的公司才能从事照明事业。于是爱迪生便于1880年12月17日成立了纽约爱迪生电力照明公司。珍珠街255号至275号被确定为中心发电站的地址，同时珍珠街附近地区包括华尔街金融区的很大一部分。爱迪生之所以把厂址选在珍珠街，是因为在他看来，只要电灯在这里取得成功，就可立刻把华尔街的那些人争取过来，而有了这些人的支持，电灯照明就能普及全国。为了避免市政官员和提供资金的银行家们的反对，爱迪生决定不采用架空电线的办法，而不怕多花钱把电线埋在地下，为了做到这一点，他发明了新的管道系统，并采用了新的绝缘材料，还建立了一系列新的标准，这些标准后来被收进了纽约最早的关于电力的法律条文之中。

建珍珠街电站大约用去了60万美元。“这是我所经历的最大的，责任最重的一件事。”爱迪生回忆说。

在1881年法国巴黎举办的世界博览会上，世界各地都有人前来参观。爱迪生为了要在这次博览会上展示自己的成果，特地制造了一具重27吨、可供1200只电灯照明的发电设

备，这是当时世界上最大的发电机。

发电机在展览会上的公开表演，十分受外国电力学家赞美，争相研究其构造，德国人拉特诺在展览会上当即代表他的政府把爱迪生的那些发明专利买下了。不久名为德国爱迪生应用电器公司的新型电力在德国诞生了。

爱迪生在巴黎展览会获得成功后，法国也出现了一家安装爱迪生电灯系统的公司，不久又在英国、意大利、荷兰和比利时出现了类似的公司，爱迪生的发明得到了世人的认可并以极快的速度在全世界范围内得到应用。

新的电灯厂的装配工作完成后，他们便到纽约来重新翻修珍珠街上的那幢旧楼。这时许多工程师们都已经清楚了一个中央电厂应该怎样布置。所有数据都经过精心计算，发电机的图纸也开始绘制。

为了完成建立一座中央发电厂的设想，爱迪生根据自己的“馈线接线”原理在纽约1平方公里的地下把电线铺设起来。为了避免漏电和发生火灾，又设计了一种安全装置，《自然》杂志称它是“一种别具匠心的设计”。工人们在商店、住宅中忙碌地接着电线，同时把许多玻璃灯泡安装在房间里的煤气架上，并在每家屋子里安装了电表。所有这些东西不要用户们花一分钱，就是连电表的保证金也不必缴付。他们在计划证实这电灯系统可以应用，而费用比煤气灯的价格低廉时才开始收费。

工人们除了安装这些基础设备以外，还需在中央发电厂里装配6台“大象”发电机，那时已经有许多意料不及的问题发生了。他这孤注一掷的消息不仅传遍了全国，全世界的

人们都被他的大胆举动所震惊了。大家都以为电是工业界一个空前的大错。意外的事端，如电线的短路和竞争者们的破坏行为等等，都极有可能发生。然而爱迪生却始终保持着他那坚定的信心，这不能不令人称奇。

当一切准备就续时，已到了1882年9月初。

爱迪生为人类开创了一个新时代。

珍珠街电站供电的第二天，爱迪生走访了用户，询问电灯系统的效果如何。其中一位顾客叫科尔布，爱迪生问他是否喜欢电灯，他回答说，这种新灯什么都好，就是不能点雪茄，爱迪生什么也没说，3天后，他来到这位用户家里，送给用户一只电动打火机。

几天后，爱迪生又取得了另一项发明成果。这就是第一座水电厂。它用福克斯河水为动力，推动安装在威斯康里阿普尔顿的发电机，供给附近200只至300只电灯用电。但长期以来人们一直认为，这是在珍珠街电厂运转之前，而不是在其后建成的。这座水电厂是胡佛水坝（亚利桑那州的西北部）、大古力水坝（华盛顿州斯波坎市附近、哥伦比亚河上）、中国的三峡水坝等将为人类提供电力的巨型电站的前身。

珍珠街电站建成了，那些曾经批评过爱迪生的人不得不沉默下来。当然，电力生产依然处在原始状态，常常发生意料不到的事故。为了应付紧急情况，有时要使用一些简单但有效的手段。在公众之中，还存在着对电的畏惧心理。约翰逊在伦敦曾把两台“大象”发电机并联起来，获得了很大的成功。爱迪生相信他在纽约也能做到这一点，但是，他在

安装发电机的初期试验中，发生了连爱迪生本人也不曾料到的事。

事故发生的原因是一台机器的调整器受制于另一台机器的调整器。于是，爱迪生召集车间的工人，吩咐他们赶制一种轴，以迅速消除故障，可是后来，试验没有成功，他便决定亲自动手。

对这次事故爱迪生是这样说的："最后我到戈克街厂里找回了一根轴杆和一个大小适合的套管，我尽可能地把轴杆向一方扭转过来，同时把那套管向另一方扭过去，再把它们闩（shuān）在一起。我就这样地把两者以相反的方向扭到它们的弹性限度后，再装固好，使其合二为一，这样就把扭力抵消了。"

说到底，问题的关键是在调整器的结构上，这种调整器受了下面铁底座的上下振动，因而影响了它的平衡。

现在用了那根特别的轴杆暂时把缺点纠正了，但新成立的中央电厂是不能采用这种权宜之计的。于是爱迪生把西姆斯请来，西姆斯式蒸汽机上是利用离心的作用的，所以底座的振动不会有多大的影响。爱迪生要他赶造了一台蒸汽机，送来代替以前的普尔特式的，在这一时期珍珠街电厂中只得仍用一台发电机发电了。

一台"大象"发电机的发电量只能供1200盏电灯用，因此第一区中的电灯就不能很快地亮起来。舆论界又立刻抓住这个机会，大肆宣传爱迪生的这次失误。

就在珍珠街电站建成后不久，爱迪生获得了31项发明专利，有史以来还没有一个人能在如此短时期里获得这样多的

发明专利。

有一天晚上，爱迪生走进戈克街的试验室中，这时安德鲁正在工作，他便在安德鲁旁边坐下。用铅笔在纸上画了一个草图，交给安德鲁道："尽快把它做出来。"

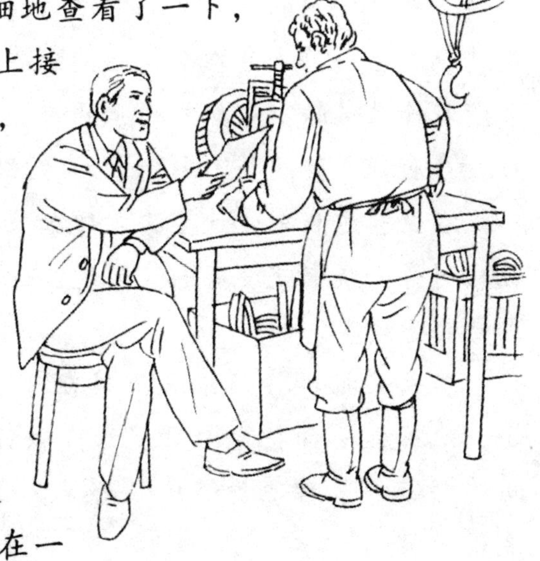

安德鲁把草图仔细地查看了一下，图中说明要在接线板上接出三根平行的电线来，中间接联两列电灯，每盏灯的一端联接至中间的一根电线上，另一端和外边的电线联接。中线联接在两架互相串联的发电机中间的跨接线上。外边的两根中线，一根接在一台发电机的正极上，另一根接在另一台发电机的负极上。安德鲁看了这图，虽然迷惑不解，但他只能照着去做。安德鲁把电线都接妥了，电灯也装好，爱迪生和英索尔便开始做这个新的试验。

英索尔问道："爱迪生先生，你想这方法能节省多少电呢？"

"我想大概可以节省2/3吧。"爱迪生微笑着回答。

电流接通后，爱迪生开始把每列的电灯试验着，一会

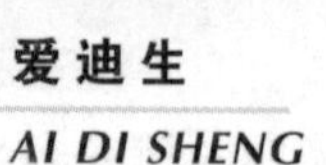

儿开亮，一会儿关息，仔细察看几盏还亮着的灯的光度的变化。

最后他吩咐道："安德鲁，拿一根电阻值已经知道的德国银线来，把它插在中间的一根线的头上。"

爱迪生将这根德国银线当做一个简单的电流线了。他把一列上的一盏灯关息，同时注意另外电流表上的偏转度，他发现如果在同一列上再关息一盏灯的时候，电流表上的偏转度就会加上一倍。他在两列上同时关息一灯，电流表的指针并没有什么偏转；虽然一列上的灯放在顶部而第二列上的电灯放在底部，但这并不影响它的结果。

在试验过程中爱迪生又发现如果两列上关息的电灯的盏数相同，电线中就没有电流通过，这时把线取去也并不妨碍灯光的亮度。

后来又把那分路银线改接在外边的电线上，两边都试了一次。他一面把电灯开亮或是关息，一面测量灯与灯之间的电流。最后他说道："好了，你把这拆去吧，我已经试验好了。"

安德鲁用心地注意着这整个实验，但他依然莫名其妙，其余的工人们也全然不明白爱迪生在做什么。一直到爱迪生签上呈报他发明三线系统的专利时，大家才知道他已经发现了一个新的电流分布方法。正如他试验时英索尔所说的那样，这方法的确能节省2/3的耗电量。

到了19世纪80年代，爱迪生在电灯的研究和发展方面投资已达50万美元，投入的资金虽大但有了相当不错的收益。电力通过配电中心的各个发电厂分配供给。1882年底，珍

珠街电站有231家用户，共有电灯3 400盏。到1883年8月中旬，也就是该电厂运行近一年之际，爱迪生电灯公司报告，珍珠街电厂已有431家用户，电灯总数超过了1万盏。到1884年，纽约珍珠街上第一个配电中心已能把电力供给500户共1.1万盏电灯应用；另外，各发电厂又点亮了59万盏电灯。电灯的发展可以说是突飞猛进。

随着用电量的日益增加，许多客户要求建立独立电厂。这些电厂的建立，为爱迪生带来了珍珠街电厂所不能企及的巨额利润。

三线系统发明成功后，爱迪生决定先在一个小镇进行试验。他选择的地点是马萨诸塞的布洛克特恩。布洛克特恩的居民都很愿意资助爱迪生建立一个发电厂。可是他们不希望在铺设电线的时候挖掘地沟。于是，爱迪生想出了一个计划。他派了两个工程师乘了一辆敞篷四轮马车，在镇上来往巡查，记下每根树木的位置，根据新的设计这些树木将被剪短树枝，用来架设电线。他们又在各处标上“T”字，表示困难，“E”字，表示容易。因为布洛克特恩的居民非常爱护那些成荫的树木，只好同意把电线铺在地下了。7月4日，布洛克特恩电厂即宣告建成。然后，爱迪生又想到一个煤气昂贵而燃料却很低廉的地点作试验。他选定了宾西法尼亚的森柏雷。

安德鲁被派到那里去监督工程，斯普拉格少校负责装配蒸汽机，发电厂预定在7月4日开幕，爱迪生和英索尔将在7月3日晚上到那里去检查，因此安德鲁和斯普拉格必须抓紧时间工作。可是，在试验中有一个工人忘记了在蒸汽机上加

润滑油，轴承烧了。那天晚上他们连夜加工修理，但另外的隐患又接着发现了，他们又排除全部隐患。等到一切准备就绪，他们想把电灯开起来了，可是没有亮光。原来里面没有电流通过，因为两根电线互相交叉在一起了。他们匆忙地改接电线，于是都城饭店里的电灯瞬间亮了起来。

为了增加用户，爱迪生宣布：凡是愿意用电灯的人，可以免费使用3个月。

不久，爱迪生又得到一个大规模试验他三线系统的机会，路易斯维尔准备建筑南方博览会会馆，要装设5000盏电灯，使用100个夜晚，他们便和爱迪生订了一个安装协议。电厂的设计交华勒斯和斯蒂林格负责，爱迪生自己也参与了电厂的筹备工作。他们把电线从发电机接到一个管理者站立的高架平台上。整个发电部分运用起来十分方便，只要由一个人管理就足够了。从这一点就可以证明爱迪生所完成的整个系统的计划是何等精密。

当路易斯韦尔城的电厂建成后，爱迪生说："我现在已决定在我的电灯系统正式完成后，把它好好地推行开来，否则我就不能把握住这个方法……我将以一年或是更多的时间来完成那整个系统，把它改进得比其他任何方法更完善些。"

很快，国外也出现了独立电厂并迅速发展起来。爱迪生的白炽灯不久就被用在了伦敦、柏林、布拉格的剧院，用在了法国、德国的酿酒厂、造纸厂与纺织厂，用在了全欧洲的工厂之中。墨尔本的众议院大厦和布里斯班的政府建筑内都安装了爱迪生的电灯。在1882年的水晶宫电力设备展览会

上，世界第一个发光广告牌在音乐厅上方拼出了EDISON一词。1883年，在柏林卫生器材展览会爱迪生公司展销处，这种广告牌又得到了改进。公司为广告牌安装了马达，使爱迪生名字的6个字母可以依次出现。

对于美国的电力事业的发展与壮大，爱迪生还有许多天才的设想，这些设想在当时实行起来虽然还存在不少困难，但却具有巨大的意义。例如，爱迪生认为，电力可以用来充当多种能源，在房间里它可带动小风扇、带动缝纫机、带动碗碟架旋转，亦可抽水、带动电梯，等等。这些设想涉及家庭的“全电气化”，然而这是30年以后的事。又如，他计划用一台可浸在港湾水中的发电机，电被波浪驱动，带动白炽灯忽闪忽灭，作为航标，这就是原子时代不用维修可长期使用的航标灯在19世纪末的雏型。

爱迪生既是一位伟大的发明家，又是一位优秀的宣传家。为了发展电灯事业，爱迪生通过各种途径进行宣传，以不断地扩大影响。

爱迪生利用展览会做他那种独具特色的宣传。比如，在19世纪80年代爱迪生的展览会上，每次都有一名黑人服务员，他的头顶端装上一盏电灯，用电线在衣服里接通。他的鞋上有尖，可以刺入展览台的地毯接触电源。这样，他每发出一份宣传材料，头上的灯就奇妙地亮了起来。

另外，他还举行推广电灯的公开表演。

1883年，著名的纽约音乐厅在尼布洛公园举办了一台大型的模拟芭蕾舞剧，庆祝爱迪生征服黑暗的胜利。爱迪生接受了该剧院舞台监督的职务。纽约市到处贴出爱迪生指挥演出的海报，市民们听到爱迪生的名字就变得疯狂了。演出那天，想买票进场的人排成了长龙。

在致力于电灯事业的发展中，爱迪生像一位把十几个球不断地抛向空中的杂技演员一样忙得不可开交。他的事务中包括：改进白炽灯；完善爱迪生系统所需的各类辅助设置，特别是发电机的改造；探索海外电灯事业开发的可能；他还要管理公司的财政事务，等等。就是在这种情况下，他忽视了后来被认为是19世纪末期的一项最重要的科学发现，即后来成为对现代无线电技术极其重要的电子管。电子管的出现在现代被称为“爱迪生效应”现象。

在爱迪生对白炽灯进行不断完善的过程中，他发现了在玻璃泡的内壁上有一层薄薄的积炭。在有白炽丝的灯泡内焊了一个与电流计相联的金属薄片，当把薄片与电池的正极接在一起时电流计的指针偏转，这说明灯丝与薄片之间有电流存在。若把薄片与电池的负极连接，则没有电流。这个称之为“爱迪生效应”的现象后来才得到了解释，即炽热的灯丝发射出电子流。电子的发射引起了学者们的注意，因为可以应用这个特性来制造一种只允许电流向一个方向流动的器件。但爱迪生当时并不知道这些，他只是把这一事实记在日记里，又在论文中进行了描述，最后于1883年写成专利申请书呈报上去。但并未作进一步研究，如果他当时抓住那奇特的火花所提示的线索追究下去，那就会带来电子学和无线电学的提前发展。

当时人们还没有发现电子，因此，未能意识到“爱迪生效应”的巨大用途的不仅仅是爱迪生本人。在提出电压调制装置专利后不久，他把样品灯送给普利斯，普利斯只是将这种现象公之于众，未曾作任何说明，也未提起这种效应的实际用途。直到20年之后，这种现象才得到解释。

电车的发明

试验电力火车的想法，爱迪生早在1878年就有了。

爱迪生曾回忆说：“1878年我去怀俄明观测日蚀，回程途中从火车窗口外望，一望无际的田野，高低不平的道路，农夫们用马车载运蔬菜或小麦，马和人都喘不过气来，那时候和我在一起的派克教授曾经谈到铺设小型铁轨，让电车行驶，这样，人和马就不用那么辛苦了。”但是那时爱迪生把主要精力放在发明电灯上了。

有一天，“北太平洋公司”总裁亨利·皮奈特来到门罗研究所，对爱迪生说：“你也知道，使用蒸汽车头的火车到了山岳地带，进入隧道，煤烟呛人，司机和乘客都不舒服，尤其夏天开着窗子，进来的煤烟更大。跑山岳地带如果不用蒸汽机车头，能不能改用电力车头。”“其实，早就有人在考虑这个问题了。”爱迪生回答。爱迪生告诉皮奈特总裁，当他还在美国主干线铁路卖报时，在底特律图书馆曾读过一本书，书上就写着1837年曾有一个英国人潜心研究过利用电池行驶的电车。1830年，美国也有人想制造蓄电池电车。1879年，德国西门子公司在柏林交易会上展出了一种非车载电池的五节列车，这辆机车曾载了30位乘客，创下时速为24

公里的记录。机车是由一台3马力电机驱动的，这是第一台用发电机来代替电池车辆的机车。但是，西门子公司的列车有其弱点，这就是绝缘问题迫使它只能在晴天使用。“那么，德国的火车已经换用电车了吗？”总裁问道。

“不，还没有进步到那个程度，我想自己来发明和他们不相同的电车。”爱迪生很自信地说。

“我因为电灯的需要而制作了大马力发电机，现在只要把那个改为电气马达就行，我早已拟定了改造计划。”

爱迪生的设想引起了皮奈特的极大兴趣，他问爱迪生这项发明需要多长时间。爱迪生回答说：“只要半年就够了，不过这还需要一大笔研究经费。”皮奈特爽快地答应为爱迪生提供研究经费，但商订如果试验成功，就让北大平洋公司使用。双方很快签订了协议书，爱迪生马上投入了对电力火车的研究。

爱迪生研制的电气车与蒸汽车相似，它的装置不仅简单，而且动力强劲。爱迪生最初试作的电气车就像模型那么小，但时速达60公里，有12马力，比德国试制的那种时速为24公里、3马力的电车性能好了许多。这是美国的第一辆电气机车。1880年底以前，爱迪生提出了电气机车系统的第一份专利申请。

像对待电灯一样，爱迪生对电气铁路同样充满了信心。他亲自试车，除了享受那“穿山过谷”的乐趣之外，主要是要使电气铁路成为现实。他的行动目的就是要使电力火车服务于社会，不仅要为中西部的小麦种植者们解决运输问题，而且要大规模地取代蒸汽机车。

爱迪生的电气机车接近成功了。在试车后，爱迪生发明电车的事很快传遍各地，每天前来参观的人络绎不绝，纷纷要求搭乘电车，以享受新事物带来的新奇。

门罗研究所的法律顾问洛雷博士听到了这个消息，特地从纽约赶来，爱迪生对他说："你也搭乘电车试一试，申请专利的时候便于参考。"两人上了客车。

这天是由克鲁齐担任司机。克鲁齐以60公里的时速行驶，经过急坡，拐过曲线，突然车子发出一阵怪叫，机车脱轨了，客车也随之翻倒，车上乘客全被摔出去。还算幸运，只有司机一人脸部擦破，其他的人都没有受伤。可是，由于这次脱轨，爱迪生遭到更多人的指责与咒骂。

然而，错误常常是正确的先导。这次脱轨事故，对爱迪生来说，倒成了很好的研究资料。使他想到了车子一旦危急，就可以使用相反的电流，产生反作用力以阻止车子向前冲，于是，电气制动器诞生了。

爱迪生不断地在自己的铁轨上改良电气机车的性能，不断地提出有关的专利申请。然而电灯系统的完善工作占去他越来越多的时间，所以在电气机车方面，直到1881年9月，他才迈出了第二步。在第二阶段，他设计了两台大型电气机车，客车的最高时速为96公里，可载乘客90人。研究所四周轨道延长到了3公里，有错车道的转辙器等设备，这些设备的配置，使电气机车的轨道与普通铁路具备了相似的功能。

亨利破产后，再也不能为爱迪生提供研究经费了。但诚实的亨利仍然跑到门罗研究所对爱迪生说："和你所订的协议我一定遵守，你的研究费用，我一定会想办法付给你。”“皮奈特先生，就当我们没什么协议吧，但你的友情，我将永远不忘，感谢你的鼓励，由于你的帮助，电车才能发展到目前这种程度，皮奈特先生，你现在应该设法让自己再度站起来。”爱迪生说道，他的话中既有对皮奈特的感激也有对皮奈特的鼓励。时隔10年，亨利·皮奈特再度成为北大平洋铁路公司的总裁，他并未忘记以前的约定，向爱迪生提出关于西部山区铁路电气化的建设规划。

爱迪生的电车研究终于成功了，但为什么不像电话、电灯、唱机等那样使爱迪生出名呢？原因在于，当爱迪生热衷于研究电车的时候，同时在美国还有一位叫费尔德的人也从事同样的电车研究。类似的发明同时出现，就难以引起人们强烈的兴趣。

为使电气火车集团化，资本家们积极地促使爱迪生和费尔德两人就专利特许权进行合作，于1883年投资200万元成立“美国电气铁路公司”。几个月后，爱迪生与费尔德铺设了一条供表演用的铁路，共1/3英里长，地点建在芝加哥博览会大厅。6月，博览会开幕了，在5日至18日这个短短的展示期间，爱迪生的改良电车获得了很高的评价。列车被命名为“法官号”，共有3根铁轨，由中间一根向列车输入电流，两边两根用作回路，每次可乘20名旅客。

对于爱迪生来说，电气机车的研究距成功的时刻已经不远了。但电气铁路公司并没有采用，这里面的原因很多，按照爱迪生的话说：“我之所以失败，是因为我不能继续干下去，我没有时间，这里需要我做的事情太多，尤其是涉及电灯方面的工作。”

其实，这不是主要原因，主要原因是铁道马车已有50年的历史了，直到1890年，曾经作为大城市的运输工具的马车才消失。但就个别旅行者而言，轻便马车仍然是旅行的主要交通工具。至少从当时的水平看，它还不是一种蹩脚的运输工具。当时的人对这种运输形式的看法与现在一般的看法恰恰相反，1900年以前的四轮马车其实是相当时髦和舒适的。如果采用电车的话，铁道马车势必遭到淘汰，但在一些大城市的市民中，有人喜爱马车，这些人自然反对电车，以致电车很难发展起来。此外，又因公司内部存在争执，竟然导致公司破产。

又过了几年，“纽约中央公司”正式宣告成立，终于决定采用电气机车。这时，爱迪生正在搞电影的发明，他的这次发明又一次震惊了全世界人民。

随着电力照明系统的完善，在各个工业部门中，电动机逐渐取代了蒸汽机。1880年的时候，美国工业还依靠蒸汽机，到1900年，电已成为一项重要能源，电力已达30万马力。到1914年，电力进一步增加到900万马力。电的使用节省了大批人力和物力，改善了工作环境，减轻了劳动强度，提高了生产效率，引发了社会生产的重大变革。到19世纪后期，美国电力工业的发展超过了老牌资本主义的英国。

第四章

一场空前的“战争”

- 爱神又一次降临
- 捍卫自己的专利权
- 与交流电争高下

爱神又一次降临

在爱迪生37岁时也就是1884年这一年，是他最悲伤的一年。

从1881年冬季开始，爱迪生在纽约居住的时间越来越长，但比他在门罗公园的时间相对来说还是要短得多。爱迪生的家小都住在纽约，门罗公园成了夏天避暑的地方。爱迪生一家已在门罗公园度过了好几个夏天。

1884年夏天，玛丽·爱迪生在这里患了伤寒，这是一种危险的疾病。起初爱迪生以为她只不过是受了点凉，经过简单的治疗就会好的。因此，在纽约正全力奋战的爱迪生没有回去看她，玛丽的妹妹爱丽丝和医生们每天都守在她床边，为她治疗，照顾她的起居。

很快，玛丽的健康每况愈下，当时爱迪生突然有好几天没有去研究所了。爱迪生被人称做“工作虫”，不到研究所来是很少有的事情，所以同事们都很为爱迪生夫人担心。

果然，玛丽的病情恶化了，终于在1884年8月9日凌晨去世。爱迪生在家中为夫人玛丽·爱迪生举行了葬礼，然后将棺柩运到一个小车站上，由火车送到她儿时的家乡。

玛丽走了，她给爱迪生留下了3个年幼的孩子：11岁的多特、8岁的小阿尔瓦和6岁的威廉·莱斯。

妻子的逝世，使爱迪生感到了从未有过的孤寂。然而他不得不继续工作，他是不能因此把工作停顿下来的。他把他的住屋租给了别人；把孩子们送到纽约去，由孩子们的外祖

母史蒂威尔照顾。

门罗公园带给发明家的只有悲伤，除此之外别无他物。于是他把那些机件、药品、仪器等统统搬离研究所，公园连同研究所一齐被他抛下了。

1884年到1885年，爱迪生过的是一种寂寞而单调的生活，玛丽虽无出众的才华但却是一位典型的贤妻良母，她十几年如一日在默默地支持着自己的丈夫。她在世时，对丈夫没有太多的要求。她爱他，理解事业对他的重要性。爱迪生没有那么多的时间过家庭生活，但玛丽总是等待着他。现在爱迪生非常寂寞孤独，他不断地在心中向她道歉，因为他没有花很多时间陪她，让她过了多年孤单的生活。

为了排遣中年丧偶的痛苦与寂寞，爱迪生常带多特到戏院去，回家后总是要女儿把歌曲学唱给他听。那时她只12岁，她常替母亲为父亲买雪茄，小多特总是像对母亲一样敬爱她的父亲。爱迪生为了排遣内心的伤痛，他全力投入研究。他除了发明“爱迪生作用灯泡”以外，1885年，他还利用“爱迪生作用灯泡”发明了利用电波通讯的“无线电”，可以和4公里以外的海上船只或行驶中的火车通讯。他获得了无线电的发明专利。

玛丽去世后，爱迪生的朋友们急于为他续弦，最终做成红娘的是埃兹拉·吉利兰德的太太——吉利兰德是爱迪生从前在波士顿担任电讯技师时的好友，他们的友谊从青年时代一直保持到晚年。

玛丽去世后的两年间，爱迪生常去吉利兰德家。

1885年5月的一天，爱迪生应邀前往吉利兰德家。那

天，在他家有位非常漂亮的年轻女士，名叫米娜·米勒，她是路易斯·米勒的女儿。米娜·米勒初次见到爱迪生的时候，她只有18岁，而爱迪生已38岁。虽然这位发明家比她年长了20岁，但是由于他的稚气和单纯的性格，两人间的心理年龄差别并不十分明显。她是一位秉赋不凡而又文雅的女子，有人形容她是“一个有褐色皮肤、黑色秀发的美丽女子”。她熟悉家务、艺术，作派端庄，性情慈善，喜欢教育工作。所以爱迪生对她一见钟情。

在初次会面之后，爱迪生不断地打电话或发电报给米娜，告诉她他爱她。

爱迪生与米娜·米勒于1886年2月24日结婚。他们的婚礼是在米娜家里举行的。

婚后，爱迪生买下新泽西州的西奥兰治郊区的格伦蒙特一座漂亮的房子，那里距纽约市60公里。举家迁居这里后，爱迪生又有了一个温馨的家。

这座新居是维多利亚式建筑，三层楼上攀着一个三角形的尖屋顶，占地13英亩。爱迪生不仅在这里开辟了公园、畜牧场和养禽场，还建了

占地1英亩的玻璃房，他不但搬来了他的图书馆，还将他的许多收藏也一同搬了过来。

安顿好家后，爱迪生又在附近建造了比门罗研究所更加完善的研究所，有人称爱迪生这个研究所是世界上规模最大、设备最全的私人实验室。

此时的爱迪生感到非常幸福，因为他们全家在一起，住一栋房子，还有一个小女儿。爱迪生和米娜有着许多共同的兴趣，他们都喜欢读书，又都爱好音乐。爱迪生仍一如既往地专心工作，仍把工作放在第一位——工作第一是爱迪生一生的准则。几年后，米娜生下了两个儿子、一个女儿：马德林、查尔斯和西奥多。

这时，爱迪生正有一个宏伟的计划：从小规模开始起步逐步扩大，直至在西奥兰治谷地建立起一系列工厂，由实验室提供定型的产品模型、样品，并为工厂安装必要的专用设备。生产那些投资少、收益高的商品，还有那些只售给批发商和经销商的产品。工厂将同时生产30种至40种不同性能、不同用途的产品。

新建立的研究所，主要是为了解决当时新型电力工业提出的许多新的课题。在这里，各种专业人员在爱迪生的领导下，围绕某个问题有组织有计划地进行工作，有力地促进了研究工作的进展。这个研究所实际上是现代科学研究组织的雏形。

爱迪生的宏伟计划都逐步地实现了。在其后的20年里，这一带建起了一系列公司，如国民留声机厂、爱迪生制造公司，爱迪生“就像一个电气上帝一样改造着这个地区”。

捍卫自己的专利权

爱迪生在西奥兰治开始了他的新生活，在以后的一段时间里不断地有人侵犯他的各项专利。特别是白炽灯，人们对这项发明极大的市场心痒难耐，所以爱迪生对那些侵犯他白炽灯专利的人不得不采取强硬态度。

在以后的日子里，爱迪生为维护自己的专利权进行了长期的、不懈的斗争。在维护专利权的问题上，爱迪生经历了一个从沉默不语到寻求正式起诉的转变过程。

1880年以来，社会上有许多人在有意或无意地侵犯着别人的专利权。在市场上不仅出现了使用其它灯丝的电灯，而且爱迪生发明的保险丝、开关等电灯辅助装置也都有了不同形式的翻版。

在当时的美国，没有人对侵权行为加以追究，更无人提出诉讼。

对此，爱迪生电灯公司的股东们强烈地指责爱迪生，认为他没有能保护他们的权益。在这个事件当中，受害的是爱迪生，受指责的还是爱迪生，这是许多发明家常常会遇到的情况。

当时爱迪生为什么保持沉默，不去维护自己的权益呢？其一，他把主要精力都放在完善和发展电灯灯丝上，无暇顾及法律事务。他清楚地知道，一旦诉诸法律，将会占用许多宝贵时间，而时间对于他来说太宝贵了，节省时间就等于延长生命。因此，推进电灯工业发展和保护专利权益两者之间

的矛盾不可调合，两者不可兼顾。

其二，爱迪生之所以避开法律诉讼，还因为他对专利法持着怀疑的态度，在爱迪生看来，专利法同样是没有正义可言的。

一直到了19世纪80年代中期，爱迪生在专利权问题上的思想才逐渐发生了变化。

从19世纪80年代中期直到19世纪末，爱迪生一共提起了二百多件旨在保护自己电灯系统的诉讼，其中有一半都是为了维护他的白炽灯专利。

共有50项专利被立案审理，其中最重要的一项是在真空体中使用灯丝的专利。

由于专利权一再出现问题，使爱迪生在时间上和经济上蒙受了很大损失。

一方面，到1900年止，诉讼事务共花费了爱迪生200万美元。

另一方面，在无数的专利诉讼案中，爱迪生还需接受律师的询问，他既要查询过去的材料和报告，又要出庭作证，这样他所花费的时间之多，以至于影响了他的正常工作及科学实验。为了弥补由于专利问题带来的一切损失，爱迪生更加忘我地工作。

他每天通常7点就到了实验室，先检查一下头一天晚上实验室人员工作的情况，然后开始做自己的实验，直到中午吃饭。

在吃饭的时间里，他或者接待来访的人，或是与那些需要向他求教某些特殊问题的公司人员谈话。

与交流电争高下

19世纪80年代到90年代的10年间，爱迪生这个名字代表了许多意义。

在80年代初期，爱迪生是一位将电力设想化为现实的积极倡导者，也是勇于实践者，在这一时期他在这一领域的领导地位没有受到任何挑战。

1887年有人提出以交流电代替直流电的大胆设想，对这个设想爱迪生错误地持反对态度，他的固执就像那些曾攻击电灯的人们一样。最后爱迪生失败了，交流电占据了电的领导地位。

谁都不可否认，直流电系统从它诞生那天起就存在着自身的缺陷。爱迪生的第一批发电厂是用直流电方式输送电力的，由于功率迅速损耗掉，以致发电厂输送电力的距离最远不超过1英里。

如果这种状况继续下去，那么只能为大城市供电，其他地方永远都得不到电力，要想解决电力问题就要无休止地建立电厂。

此外，采用直流电输送的电力使电压局限在250伏之内，如果超过这一标准就会烧毁灯丝，或危及用户的安全。于是人们设想：能不能将电压提高，以达到远距离输电的目的，然后在输入用户或工厂之前，再将电压降下来，这样就不会烧毁灯丝，也不会出现危险。

而直流电永远达不到这个要求。如果用交流电，就可以

沿一个方向前进，达到高峰时就调转方向，再达到高峰时，又调转方向，每秒钟调换多次方向，就为改变电压提供了条件。自19世纪80年代初期，人们就在这方面做过多次试验，但都遇到了问题。

单相交流发电站使功率得到提高，供电范围是扩大了，但这使输电工程变得过于复杂，因而阻碍了交流电站的进一步发展。爱迪生在采用交流电的问题上，持顽固保守态度，并不是他预见到将要遇上什么困难，而是因为他已经建立起了自己的直流电系统而不愿意再改变它；而且由于他也没有深入到交流电的发展当中去，根本意识不到交流电将为电的发展带来怎样的前景。

另外，这其中也有人为的因素。乔治·威斯汀豪斯系统是依据出生在奥匈帝国（匈牙利王国与奥地利帝国组成联盟）的尼古拉·蒂斯拉的技术原理研制成功的。

巴切勒大法官“发现”了蒂斯拉，说服他到美国为爱迪生工作。蒂斯拉和爱迪生见面时，爱迪生已是世界上著名的发明家了，而比爱迪生小几岁的蒂斯拉还默默无闻。他们两人之间存在分歧，爱迪生注重实践，是位凭经验在摸索中进行发明的人；蒂斯拉是那种注重理论的人，他坚信，交流电终有一天会使供电范围更广，成本更低。

爱迪生对这种设想则不屑一顾，不愿做认真考虑。由于彼此不能接受，很快他们便分道扬镳了。

这一事件后来影响到爱迪生的事业。由于此事，蒂斯拉一直对爱迪生耿耿于怀。

1912年，蒂斯拉被授予诺贝尔物理学奖金。但是，当他

◎诺贝尔奖：以瑞典著名化学家、硝化甘油炸药发明人阿尔弗雷德·贝恩哈德·诺贝尔的部分遗产作为基金创立的。诺贝尔奖包括金质奖章、证书和奖金支票。

得知将与爱迪生一起分享这一荣誉时，他向评奖委员会表示不接受，这样奖金便转而颁发给了瑞典物理学家尼尔斯·古斯诺夫·达伦。与爱迪生分手之后，蒂斯拉得到了乔治·威斯汀豪斯的支持，终于将交流电应用到实际生活中。

当时，爱迪生还没意识到他所面临的危机。当他发现了这一点时，双方已经开始了短兵相接。爱迪生意识到，交流电可以降低成本，这是无疑的，从经济角度来攻击交流电，他必定要失败。

于是，他就在交流电的其他方面做文章。他认识到，在19世纪的最后一段时间里，公众对电力心存畏惧：电力虽然可以为人类带来利益，但它也会造成伤人或致人死命。所以，争取公众最好的办法就是宣传高压电的危险。

爱迪生似乎在舆论上压倒了对方，为了证明自己正确，他用交流电杀死了一些丧家的猫狗，并在纽约市装置为死刑犯使用的电椅时极力主张使用交流电（大小和方向随时间作周期性变化的电压或电流。）。

威斯汀豪斯与爱迪生针锋相对，撰文捍卫自己的观点，大力宣传交流电的种种好处，并且阐述交流电的推广与使用是对电力发展及社会生活的促进。

除了在杂志、刊物上进行论战以外，双方都进行了大量的政治游说。爱迪生利益集团支持一项动议，将电压限制在

800伏之内，以此束缚交流电的有效使用，并且又不妨碍他们自己的利益。威斯汀豪斯对自己发明的自信加上对爱迪生的成见，1888年夏，威斯汀豪斯准备起诉。最终交流电一方取得了胜利。

在其后的几年里，交流电的发展和应用迅速扩大，它逐渐地占领了电力市场。直到1903年，爱迪生还在愤愤不平地质问："为什么大家都争先恐后地使用交流电？"可是在此之前，爱迪生公司的中心发电站和长途送电系统用的也是交流电，只有局部输电网的供电装置仍使用直流电。

在使用过程中，人们逐渐认识到，交流电确实如发明者所说具备很多优点。交流电动机结构比较简单，重量较轻，而且供电稳定，电压可以调节，能够实行远距离送电。

十几年后法国的斯泰因梅茨在坚实的基础上创立了交流电理论，使交流电成为主要的输电方式。远距离输电方法的产生和运用，为工业电气化解决了电力的供应问题。

从此，从城市到农村，从平原到山区供电问题得到了解决，交流电的推广使用，真正开始了电气化时代。

第五章

一道绚丽的彩

◆ 巴黎给予的启示

◆ 活动电影的问世

巴黎给予的启示

研究与发明是爱迪生的第二生命，所以他把全部时间与精力都投入其中。电灯发明成功后，爱迪生又带领他的科研团队开始了电影摄像机的研究。爱迪生公司于1889年开始拍摄电影直到1915年。爱迪生从1888年产生了制造一台电影机器的想法后，他的大部分精力就转向了这里。

爱迪生发明的留声机在当时是一项巨大的成功，这使他的名声更加显赫。爱迪生对科学技术的方方面面都感兴趣。他后来宣称，他的确下了决心要为视觉做点什么，就像留声机为听觉所做的一样。

爱迪生于1889年秋向美国专利局递交了一份预告通知，并向专利局官员当面叙述了一种“像留声机之于听觉一样，对视觉发生作用的”机器，取名为“活动电影放映”。但这种放映机由于各种湿板照相感光度较低，所拍到的运动中的人与动物的图像都模糊不清。

当爱迪生着力解决这些问题时，其他一些人也在致力于“电影”方面的研究。

当时，爱迪生的大部分精力还在用于电力事业的研究，那时他正准备将各公司合并为爱迪生通用电气公司，而且已深深陷入了粉矿工程的冒险，同时他还在计划去英、法两国进行访问，所以爱迪生将研制照相机与摄影机的任务都交给了迪克逊，以便可以腾出手来做他急于完成的事情。

1889年世界博览会在巴黎举办，法国政府向爱迪生发邀

请函。但爱迪生借口不能长时间地离开研究所，起初拒绝了法国政府的邀请。后来在夫人米娜的一再劝说下，爱迪生才答应前往博览会；不过他希望的是博览会上的某件展品能激发他的灵感。

在博览大厅里，树立着一个由两万只电灯组成的40英尺高的白炽灯模型，模型两边用彩色灯装点出了美国和法国国旗。下面的展台上展出的是一位作家所说的“摆脱了爱迪生思想的各类硕果”。这些硕果也包括8年前出现在巴黎的巨型“乔阳”发电机，以及摆放在它周围的各种爱迪生公司的产品。

博览会开幕当天，法国卡诺总统致开幕词。在他的面前放着两架留声机，留声机用来记录总统的演讲，一架保存在法国，另一架则交给爱迪生，由他转赠给当时的美国总统哈里逊。

爱迪生及他的家人受到了巴黎人民的尊敬和盛情款待。

巴黎市政府授予爱迪生一枚金质奖章，以表示对这位美国大发明家的敬意。法国总统也代表法国政府向爱迪生赠送勋章。

而意大利国王亨倍尔特特地派了专使到法国来，将意大利高级官员的勋章赠给爱迪生，封他为伯爵，爱迪生夫人则成为伯爵夫人。

爱迪生利用这次机会游历了欧州。他从巴黎转到柏林、伦敦、罗马，到处都受到不亚于巴黎的欢迎。爱迪生在德国和西门子大科学家赫尔姆霍兹会晤。德国进步科学家协会在海德堡特地设宴欢迎他，到会宾客共有1200人。

爱迪生不论走到哪里都受到了人民的尊敬和爱戴，但他总是谦逊地说人们给他的荣誉应该属于他的祖国。

在返回美国的途中，爱迪生在船上画了一张摄影机草图。

从欧洲旅行回来后，爱迪生开始集中精力试验条形底片，这种底片他曾在马雷车间里见过，它可以重叠起来。这时，对于下一步的电影探索工作，迪克逊和爱迪生之间有不同的看法。迪克逊急于搞成大屏幕投影，而爱迪生则主张集中精力攻克即将成功的“活动电影放映机”。在爱迪生看来，目标稍低一些，可以完成的快一些；而急于求成和目标远大往往事与愿违。

第一台成功的活动电影视镜于1891年5月20日向公众展示，展示地点是新泽西州西奥兰治的爱迪生实验室。这种改装型的机器内装一台电动机，可使50英尺长的胶卷从供人们观看的放大镜下通过。同年，爱迪生在美国又申请了活动电影放映机专利，但由于他没有在其他国家提出这一专利申请，以后出现了一些意想不到的后果。虽然这台装置可容下50英尺长的胶片，可在当时所能生产的胶片没有这么长，因为第一台摄像机一次只能用几厘米长的胶片。为了实现自己的目标，爱迪生需要寻找一个令他满意的

长条胶片。他在柯达公司的创始人，被尊为“摄影王”的乔治·伊斯门那儿找到了他所需要的长条胶片。伊斯门开始出售赛璐路做的底片，以代替感光板，命名为“伊斯门底片”。这正合爱迪生的口味。于是爱迪生立刻与伊斯门商谈，双方说好底片的构造与大小，努力制造出更方便使用的胶片。爱迪生亲自出马，伊斯门自然不负所望，他生产的胶片果然能满足爱迪生的要求，他们之间从此便建立起很好的合作关系。

一直困扰着爱迪生的长胶片问题终于在伊斯门的帮助下解决了。每幅影像起初只有半英寸大，后来觉得太小，改为一英寸半大小，中间画图占一英寸的地方，边上多条的地位留着穿打小孔，套在一种小轮的齿上，可以不致滑脱。放映时，快门迅速地打开，这时外边影像的光线便射在感光胶片上，接着胶片又被急速地向前拉过一段；这样连续地进行着，每秒钟可以拍摄出46个影像，每分钟便有2760个影像。

爱迪生的试验进展顺利，活动电影的出现已指日可待了。

以后爱迪生想利用阳光摄影。1893年，爱迪生实验室里建起了世界上第一座电影“摄影棚”。第一架摄像机工作时，胶片只能水平移动。使拍摄受到了局限。迪克逊又制成了可使胶片垂直移动的第二架摄像机。经过改进，它被用来拍摄美国第一部商业片《处决苏格兰玛丽女王》。

爱迪生拒绝在银幕上公开放映他的影片，他认为这样做无异于“杀死一只会生金蛋的母鸡”，因为他认为，人们对无声片绝不会感兴趣的，由于他的有声电影没有成功，不能

把和真人一样大小的人物放映出来，所以在1894年，他决定把他的“电影视镜”公诸于世。1894年4月14日，阿尔弗雷德·塔特在纽约开辟了一家活动电影影院，这家影院共有10台机器，影片装在一个硕大的、两端相连的圆环上，圆环在一套滚轴上转动，通过机器顶端的突出视孔里看就可以看到一部5分钟长的影片。

爱迪生研制的电影视镜立刻获得了成功。从1894年到1900年，爱迪生公司一共生产了大约1000台这种视镜，供美国各大城市中的电影观众欣赏之用。

这时，以出租活动电影放映机为业的兄弟格雷·莱瑟姆和奥特韦·莱瑟姆，试图将影像投在银幕上，他们建起了自己的实验室，几个月后，莱瑟姆兄弟研制出了自己的机器，并于1895年4月21日在纽约为记者们演示了他们的研究成果“望远显微两用镜”。莱瑟姆兄弟的放映机是从爱迪生手里购下的。

莱瑟姆兄弟的出现，使爱迪生意识到了来自银幕电影的威胁，于是他立即投入到银幕电影机的研制。同年一位名叫弗朗西斯·詹金斯的美国发明家在托马斯·阿马特的资助下制造了一台放映机。这台机器的功能和展出效果都相当成功。同爱迪生合伙做生意的诺曼·拉弗和弗兰克·甘蒙看了“詹金斯—阿马特”放映机后，确信电影的未来在于向更多的观众放映影片。显然，观众由一个人扩大为很多人看一场电影，那就会赚很多的钱。爱迪生决定同弗朗西斯·詹金斯联合生产放映机。爱迪生买下了使胶片制动和启动更为灵活的阿马特的凸轮运动的专利，解决了投影中的一个重要问

题。以他的个性他不想在自己的电影机中应用别人的创造，但是，为了在这场竞争中尽快获胜，他也就不得不使用阿马特的发明。

爱迪生很快推出了名为“维太放映机”的新机型，1896年4月23日，第一次用这种机器在纽约的科斯特，科厄尔的音乐堂放映影片，受到观众热烈的欢迎。从此，电影制造业就出现了各家公司你追我赶、不断推陈出新的局面。其中的原因之一，就是1891年爱迪生没在美国以外的国家申请放映机专利。

电影的出现，丰富了人民的文化生活，也促进了各个艺术门类的发展，并独立发展成为一门电影表演艺术及以好莱坞为代表的电影产业。爱迪生的电影无论在技术史上还是文艺史上都是一件大事。

活动电影的问世

电影的出现是故事片在美国问世的一个重要标志。在美国电影发展史的初期，爱迪生在这一领域占有相当重要的位置，并不完全是因为他早期的发明或他的机器质量，而是因为他通过一系列法律活动，使他的摄影机和放映机在美国取得了专利保护。为了保护电影的发明权，爱迪生在1897年宣布了一个“专利权的战争”，他聘请了许多律师为他工作，那些竞争者一个接一个消失了，由于只有爱迪生公司摄制的一些故事片和“比沃格拉夫”公司摄制的色情短片，电影市

场近乎垄断，所以这些影片的质量非常糟糕。

随时窥伺商机的商人们发现，经营电影能够很快发财致富，不少人就想努力成为电影制造商，但是能够垄断这个行业的只有三家美国公司。其中爱迪生影片公司和比沃格拉夫影片公司，从电影镜箱时期就已从事这个行业；维太格拉夫影片公司则是在1889年才踏进这个圈子的。而它的两个创办人——布莱克顿和史密斯早在1896年就合作经营影戏业，那时爱迪生还未认识到制作电影会得到那么大的利润，他把一架放映机卖给在报馆里工作的美术家布莱克顿。布莱克顿很快就同职业魔术家史密斯把放映机改造成了一架摄影机。

到了20世纪初，投影电影受到公众的热烈欢迎，在美国大多数城市都建起了小型电影院。在一些大剧院，歌舞杂耍表演结束后也要放映电影。观众总希望能看到新的影片，市场需要不断增加影片数量，需要不断地拍摄新影片。

爱迪生长期活跃在美国影片制造的舞台上，他曾大量复制欧洲竞争者的一些作品。但是版权法开始禁止这种行为，这使爱迪生不得不对影片制作的数量和质量下功夫。新闻片摄影师埃德温·波特被爱迪生聘为他的摄影场的导演。如果欧洲和美国的革新者们没有发现电影在叙事方面具有巨大潜力的话，电影可能只会流行一时，作为闲人的消遣品而已。好在爱迪生手下的制片人埃德温·波特，下决心使爱迪生公司为电影艺术的发展做出重大贡献。

爱迪生试图禁止其他公司介入有利可图的电影业，以保证电影艺术沿着正确的轨道发展。

这时，“专利权的战争”仍未停止，爱迪生的律师仍在

继续提起诉讼，直到1907年10月，在芝加哥根本未侵犯爱迪生专利权的影片也被禁止上映。爱迪生使一些竞争者与其联合组成一家垄断性的新公司，想以此来控制电影在美国的生产和发行，保证电影业的纯洁与正规。新公司取名为“电影专利公司”。伊士曼柯达公司也曾一度参与了这项计划，拒绝向那些没有交纳执照费的制片人提供胶片。

但是遗憾的是，爱迪生的垄断集团在控制了美国的电影市场的同时，或多或少也阻碍了美国电影的发展。加入托拉斯的制片商每洗印一英尺的拷贝需缴付半分钱给托拉斯；发行商每年须交纳500美元的执照费；一个放映商每星期要交付5美元。这些收入给托拉斯每年带来了将近100万美元的利益，而这种贡金的根据不过是因为爱迪生的实验室在1889年至1894年这期间发明了一些拍摄电影所需的设备，而为这些发明投入的经费其实不足2万美元。这引起了许多人的异议。

> ◎托拉斯：直译为商业信托，垄断组织的高级形式之一。由许多生产同类商品的企业或产品有密切关系的企业合并组成。旨在垄断销售市场、争夺原料产地和投资范围，加强竞争力量，以获取高额垄断利润。参加的企业在生产上、商业上和法律上都丧失独立性。

爱迪生在纽约投资兴建了一座规模很大的摄影棚。当时寻找演员、舞台工作者以及能策划、指导电影生产的人十分容易。1907年，格里菲斯受雇在这里工作，而他的身份是双重的，既是演员又是作家。

这时期是美国电影的起步阶段。在1905年初，美国只

有10家电影院，但到1909年底，电影院已增加到1万家。当时，法国的电影院数目只有两三百家，在世界其他国家总共也不会超过两三千家。一个制片人，如果在法国只能够销出10部拷贝，而在美国却可以销掉200部，美国电影市场的兴旺由此可见一斑。

美国爱迪生托拉斯的组成使欧洲大为震动。英国制片商联合会首先发出呼吁，当时作为电影工业中心的巴黎，在一年中召开了几次筹备会议研究对策。以后，美国电影托拉斯的控制逐渐松弛了。

爱迪生要制造有声电影的梦就要实现了。只要能达到声画同步的目的，“会说话的电影”就产生了。爱迪生一直研究着调和声与影的问题并取得了成功。

为解决留声机的音量问题，爱迪生不断地做着试验。他想到了一个解决办法，那就是使用字幕。

同时，爱迪生还探索了电影在教育方面的作用。

在爱迪生发明活动电影以后的20年间，后代人的大部分知识不是从书本上获得，而是从电影中获得。

为了垄断电影的发行市场，爱迪生的专利公司雇用侦探去抓那些侵权的制片人并把他们送上法庭。而那些影片发行商也对爱迪生很不满，他们不愿付专利公司索取的租金，其中一些人决定自己生产影片。他们中的一些人后来成了早期好莱坞制片厂的老板。最后，伊士曼柯达公司也改变初衷，决定向不属于专利公司的制片人出售胶片。

当垄断达到一定程度时，这种垄断也会出现危机，爱迪生专利公司为维护其垄断地位做出的努力间接地促进了电

影艺术的发展。比沃格拉夫影片公司为自己的利益打算，并不理睬爱迪生。该公司绕过爱迪生的专利，生产了一种摄影机。并且沃格拉夫公司的影片拍得非常好，因而引起了观众的关注。

令人难以置信的是，一场竞选运动竟推动了美国电影事业的发展。参加纽约竞选的理查德·克罗克要爱迪生制造80台放映机，来放映他认为对其竞选有帮助的影片。结果克罗克竞选失败，他手上有一大批放映机，他把这些放映机卖到美国各城市，这些机器很快就在不同程度上发挥了作用。

那时，美国有相当一部分人又闲又有钱，他们希望能在家里看电影，爱迪生适时地生产了一些小型放映机。为了降低影片的价格，拷贝是用小画面做的。爱迪生在1912年生产的一些影片，是标准的35毫米宽，但却有了排画面。

同年，爱迪生成功地创造出有声活动电影，把留声机和活动电影合二为一。他说："我早就想把声和像合在一起，已经想了三十多年，现在终于成功了。"

在研究过程中爱迪生感到最困难的是，收取远处的细微声音。那收音器须要特别灵敏，结果他又造出了采音器，凡距离40尺以内的大小音波，都能采取。这灵敏的采音器，连在高速照相器外面，就成为一架有声活动电影制片机。在制片时，演员一开始表演谈话唱歌，摄制人即摇动器柄，那么影像和声音，就同时制作完成。

电影放映时，电影机和幕前的留声机通过电线相连，放映人员就可以操纵那幕前的留声机。同时打开声音和动作，配合得天衣无缝，无先后快慢的弊病。

天有不测风云。1914年12月9日那天晚上，影片试验室突然起火，还有各种化学药品作为助燃剂，火势越燃越猛。

当爱迪生驱车赶到时，这里已是一片火海。爱迪生赶忙指挥人们救火，不时从衣兜里掏出小本子记点什么。大家都觉得有点奇怪，以为这场突如其来的大火刺激了爱迪生健康的神经——担心他神经失常。后来才知道，爱迪生正在画着再建胶片车间的方案草图。几个小时后大火扑灭了，而爱迪生的重建蓝图也已经完成，并在第二天投入重建工作。

乐观风趣的爱迪生在这场突如其来的大火面前同样是乐观风趣，他一边指挥消防队员灭火，一边在本子上记着重建计划，嘴里边一个劲儿地喊：“喂，小伙子，快去喊你妈来，这么大的焰火千载难逢，以后可没有这样的机会看这么大的焰火了。”谁也没有想到，第二天爱迪生不但开始动工建造新车间，而且又开始他的另一项发明——便携式探照灯。因为在灭火过程中，爱迪生看到消防队员在黑暗中举步艰难。

爱迪生在这场火灾中蒙受了重大损失，损失大约有三四百万美元。厂房和机器的投资，尤其是他制造的一些机器并没有被人们购买。

米娜难过得几乎要哭出来，她伤心地说：“多少年的心血，被一场大火烧了个精光。如今年老力衰，要重修这么座实验室，可不容易啊。”

爱迪生反倒安慰她说：“不要紧，别看我已经67岁了，可是我并不老。从明天早晨起，一切都将重新开始，我相信没有一个人会老得不能重新开始工作的。”

爱迪生在第二天便投入了实验和研究中，他全然像没有发生这场灾难似的，重整旗鼓，比以往更加勤奋，他又在有声电影的研究道路上大踏步前进了。一场大火对他没有造成多大的影响。

在无声电影发展、完善的同时，人们从没忘记爱迪生设想的“会说话的电影”。

1927年10月23日，华纳兄弟电影公司才第一次拍摄成功了有背景声音、对白、音乐和歌唱的有声电影《爵士歌手》。

这是电影第一次开口向观众讲话，它宣布了无声片时代的结束，为电影有声时代拉开了序幕。

◎华纳兄弟电影公司：创建于1918年，以资历而论，在好莱坞几大巨头中排名第三，仅名列创建于1912年的派拉蒙和环球之后，公司名来自创始人哈里·华纳、阿尔伯特·华纳、山姆·华纳和杰克·华纳四兄弟。

爱迪生为电影的发明、发展和普及奠定了基础，他对电影艺术和电影产业的发展起到了推动作用。

1924年，电影行业许多人在爱迪生77岁的寿辰时，为了表示对他的敬意和庆贺，举行了一次盛大的宴会。

宴会上，爱迪生说：“对于电影的发展，我只是在技术上出了点力，其他的都是别人的功劳。我希望大家不要只拿电影来挣钱，而要借助电影为社会多做一些贡献。”

第六章

独辟蹊径的尝试

- 神奇的磁铁检矿
- 勇于突破的“泥匠”
- 发明新型蓄电池
- 对直升机的研究

神奇的磁铁检矿

工业的基础是金属，而铁又是消耗量最大的金属。随着社会的进步，铁的需要量也日益增多。爱迪生曾带着几位同事到长岛一带进行考察，因为他听说这地方有很好的铁砂层。

到了长岛，果真如此，数十公里长的海岸到处都是铁矿，使他大吃一惊："这么多的铁砂，弃置不用未免太可惜！用磁力来分辨砂和铁，肯定能得到几十万吨的铁！"

在长岛海滩发现了那片铁砂之后，爱迪生做下详细的笔记，并描绘着这一工程的草图，思索着建立这种企业的可能性。他把样品带回了实验室，在实验中发现，细微的黑色砂粒可以被吸附在磁铁上。

刚刚进入90年代，东海岸炼钢行业的原料供应就出现了危机。如果使用西部藏量较少品位较高的铁矿石，就要付出巨额运输费用；在东部离钢厂较近的矿山里，只能找到低品位的矿石，因而在使用之前必须经过一个精选过程，这也使得成本大为提高。爱迪生在了解到这点之后给自己提出一个简单的问题——为什么不能将粉碎的矿石通过磁铁把矿物和杂质分开呢？事实上，这种实验曾经不止一次进行，每次试验都因技术限制而失败，但是，爱迪生觉得这正是自己应该努力解决的问题。1880年，他向专利机构呈交了一份磁铁检矿机专利。

第二天，爱迪生在长岛的南岸建起了一座试验工厂。开

工不久，有一天飓（jù）风突然来袭，几个小时内矿石全搬了家，工厂也在飓风中消失。其后，他在罗德岛建起了第二座工厂，该厂出产了1000吨铁矿，但仍达不到质量标准。爱迪生死了心，回到研究所。1884年公司合并以后，获得了进行大规模研究的时间和资金，爱迪生又重新投入到采矿的研究中心。

由于工业的发展，钢铁的需求量大大增加。根据市场的需要爱迪生决定进行铁矿的经营，在行动之前他作了大量调查，详细地搜集了有关资料。那时，他已制造出一种特别灵敏的磁针，如果有相当量的铁矿，那磁针就会倾斜下来。有一天他正在一座山上，发现磁针倾斜得非常厉害，这说明这座山的底下一定藏有大量的磁性矿石，这引起了他的极大兴奋。

随后，爱迪生派遣一群年轻的助手携带了那种磁针到各地去进行探测调查，结果在新泽西州北部发现了一座铁矿，经探测储量很丰富。

爱迪生在塞塞克斯设了一个工厂。开始，因为矿区的食宿条件很差，工人们都不愿意留下来工作。爱迪生便分析了这种困难的原因。“如果我们要把工人留在这里，那必须使它有吸引工人的地方。我们应该建造一些屋子，把自来水管和电灯装设起来，然后再以低价将房屋租给他们。”

爱迪生立即着手设计了一所小屋的图样，50幢房屋在很短的时间里便建成了。于是他们便在纽约各报纸上刊登招聘广告，招收采矿工人，并且描绘那里住所的舒适情况。

不久便有六百五十多人前来应征，他们在那边组成了一

个新的小镇，小镇名为“爱迪生镇”。

爱迪生不用其他矿山所用的采矿法，在自己的矿山上推行大规模的新采矿法。在设计建造的过程中，他认为，应该尽量减少手工劳动，粉碎巨石最初应由机器完成，并在其他各道工序中使用传送带，以减少工人的劳动强度。

有一天，爱迪生叫一个工程师设计一种机械，那位工程师交给他三张图样，但没有一张令他满意。那个工程师说道：“这太难了，我实在没别的办法。”

爱迪生没说什么，在星期六回奥兰治时他在那位工程师的书桌上留下一大堆的图样。

“爱迪生式选矿机”耗费了他3年的时间才完成。在试验过程中，他制造了50种机器，不断地修改，不断地完善，终于制成“爱迪生式选矿机”。当时除了蒸汽铲、发动机、发电机，其余的机器都是爱迪生亲自设计制造的。

爱迪生设计的碎石机只有在看到它的体积、听到它的响声后才能感觉它的庞大。

爱迪生为更好地经营采矿事业，他还建了储存矿石的仓库，新泽西铁路的支线延长到爱迪生矿山下，终点站就叫“爱迪生”车站。

同时爱迪生还修建了一座独立的粉矿加工厂，以每秒钟一块的速度生产矿粉砖。

所有这些工作，爱迪生都是亲临现场指导，有时甚至不顾个人安危。

由于采用新的选矿法，不仅铁矿质量比用那种旧式机械生产的要好，而且比原来磁铁矿的售价低了许多。这点，钢

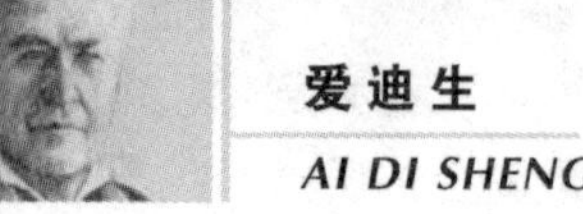

铁公司非常清楚。

开始营业的第一天，钢铁公司就订了1万吨，以后也不断地发来订单，爱迪生的铁矿经营以1889年最好，每天所产矿砂可达1500吨。

铁矿生意兴隆给爱迪生带来了成就感。

然而，在1890年这一年，发生了一些意想不到的事。

为其他业主服务的工程师使爱迪生遭到了财政上的灾难。但从技术上说，他的粉矿厂是成功的。全部工程都在按计划进行，成本核算也达到了预期标准。他可以以每吨6美元的价格为高炉提供矿砖，这一标准无疑会为他带来源源不断的订单。但是，明尼苏达州的苏必利尔湖附近发现了很大的铁矿，铁矿不仅品位高、分布广，而且可以用成本较为低廉的露天采掘方式开发。

于是，铁矿石的价格立刻降了1/3，这样爱迪生只能以每吨4美元价格出售矿砖，这使他的生意蒙受了巨大的损失。

在万般无奈的情况下，爱迪生只有将工厂停工，否则损失将越来越大。虽然经过8年的努力，又投入了200万美元的资金，终究抵不过经济形势的发展与市场的变化。

采矿业耗尽了爱迪生的全部财产，而且还负了很多债，他对铁矿的投资，其中3/4是他将通用电气公司的股票售出而换得的，结果全部化为乌有，这一年爱迪生51岁。

虽然爱迪生赔了本又负了债，但他一点也未显出失望。坚强的爱迪生没有倒下，像年轻人一样，凭着热情勇往直前，再度投入科学发明，从而迈向璀璨的发明旅程。

勇于突破的“泥匠”

爱迪生很快从失败中站了起来，重新调整经营方案，改采矿业为水泥制造业。

水泥最早是由英国石匠阿斯普丁发明的，那是在1824年，水泥的颜色极像波特兰的石灰石，所以人们便将水泥称做“波特兰水泥”。波特兰水泥是先将石灰石与黏土混合，经过烧制，然后碾制而成粉末状的自然水泥，其中含沙较多，凝固较慢，凝后较坚。阿斯普丁制造的水泥十分粗糙，水泥的用途也受到局限。

美国宾夕法尼亚科普雷的舍勒等人于1827年开始仿制水泥。在工程师怀特用自然水泥修筑伊利运河后，开始仿制水泥的人日渐增加。法国在1840年，德国在1898年先后建起了水泥厂，到20世纪初，人造水泥大为盛行。

爱迪生看到了水泥业的发展前途，决定发展这一项目。尤其是他在采矿业中获得许多关于碾石的经验，这为他提供了跻身于水泥业的条件。

1898年，爱迪生在西奥兰治以西45英里外的森林里发现了水泥石，他立即购下了800英亩蕴藏着水泥石的土地。爱迪生广泛阅读水泥制造方面的书籍，多方收集有关材料。当他对水泥制造有了较为深入的了解后，便开始设计工厂。经过24小时的紧张工作，工厂的设计图完成了——爱迪生设计建造的这所工厂，直到今天还保留着。他从附近的矿场运来石灰石，那些用于开采铁矿、碾碎矿石的机器，马上就派上

了用场。

爱迪生的工厂于1902年便开始生产水泥。与其他水泥厂相比，他的水泥厂最大特点莫过于全面采用机械动力装置，使工人们从繁重的体力劳动下解放出来。到1905年，它已成为美国第五大水泥厂，日产水泥3000桶。1924年，日产水泥达7 500桶。爱迪生认定水泥制造业大有希望，便成立了“爱迪生—波特兰水泥公司”。

在自己的加工厂内，爱迪生打破常规，设计了一个大型长窑。起初他用了一个木制的模型，进行反复的试验；最后得出了满意的结果，依据新的理论建造出了一个长150英尺、直径9英尺的石灰窑。

新石灰窑完工后，试验结果表明比产量较普通的窑多了一倍。然而，爱迪生还嫌不足。

爱迪生水泥公司的水泥产量不断上升，从750桶增加到850桶。但爱迪生依旧嫌产量太少，然后他提出了几种改进的方法，后来工厂的生产不但超过900桶，又增加到了1000桶，最后在24小时内竟突破1000桶达到1100桶。

在当时，有很多人对长窑的产量表示怀疑，也有人嘲笑这种制造方法。他们预言这方法是很快就会失败的，他们认为这长窑一定会出现弯曲现象。可是事实证明，他们是错误的。不到几年，美国全国出产的波特兰水泥一半以上是用爱迪生式的长窑生产的，而且烧制水泥所需的煤也减少了一半；爱迪生还利用铁矿厂设计过程中获得的技术大大改革了水泥石烧制前的碾磨工序；另外他用5吨大型气铲取代了小车推运水泥石。

水泥公司的利润很大，当年开铁矿所负的债务，不到3年就全部还清了。爱迪生经营水泥业，其最令人注意的地方，不在于传统工艺上的突破，而在于其所表现出的爱迪生之伟大的人格、坚强的毅力和创造的精神。

有人对爱迪生投资兴建这样大规模的水泥厂有点不理解。爱迪生的回答颇有道理："马车终将被未来的电车或汽车所代替，土路已经完全不适应新美国的发展建筑。水泥正是建造马路的不可缺少之物。"爱迪生的回答的确表明他不仅是一位发明家，还是一位优秀的企业家。

工厂建好了，生产也正一步一步地走向正轨，接下来的工作重点，是铺路和为工人建造廉价而耐用的房子。但是两种设想没有一种是特别成功的。

在新村附近铺设的第一条1英里长的水泥路仅仅使用了一年，其后铺设的质量也不理想。后来，经过实地调查研究，爱迪生发现问题出在路基的黏土硬度上。解决了这个问题后，再铺设新路就很坚固了，其中有一段路竟使用了五十多年。

在建造水泥房子时，爱迪生采用先造好房屋架构，安装铁筋，然后灌注水泥的方法。按照他的设想，灌注水泥法只要6个小时就可以造好一幢漂亮的房子。他曾估计：浇铸一幢6个房间的房子只需300元左右的代价。塑造的模型可以在全国各地重复使用，这样就可以节省许多费用。

"爱迪生式建筑法"掀起了一次建筑业的革命，此后各处的大楼、工厂等大建筑，纷纷采用这种省时省力的"爱迪生式建筑法"。爱迪生于1908年8月提出申请这种建筑方法

的专利。

然而，“爱迪生式建筑法”没能大范围地推广：因为这种建筑法虽然方便，但式样却大同小异，千篇一律；而人们对自己的住房，各有各的习惯和爱好。因此，相同式样的房子就不太受人欢迎，这就是“爱迪生式建筑法”的局限性。

很快，爱迪生参与了新泽西州第一座水泥房屋的建造。巨型搅拌机被固定在现场，一条传送带将水泥送上屋顶的储泥池，6个小时便可将模具灌满。6天以后，模板去除，剩下的工作只是安装门窗、管道和照明及其他辅助设备。

在一些基础工作完成之后，爱迪生作出了一份更为细致的计划——建造一种费兰西斯一世风格的建筑。这种建筑雕花绮丽豪华，如用石材制造，其造价高得难以偿付。如果用水泥建造，内部的装饰可以用彩绘解决，屋顶制成瓦状，也易于漆成主人喜欢的颜色。这种房屋据说能够绝缘，又可以减少四分之三的建筑费用。但是，这种房屋仍没能普遍推广使用。

在19世纪的最后10年间，爱迪生闯进了被人们认为是俗气的工业之中，科学界对他的看法也有所改变。原因在于他对科学与技术的关系所持的观点和对书本和手工劳动者所作出的评价。爱迪生认为建筑是以实用为主，这样就难免被人认为他带有庸俗的世俗气味。其次，有人认为他不纯洁，因为他瞧不起那些“橡胶大王”，却愿意将自己的技术出让给他们。第三，使科学家们不能接受的是，在某些问题上，尤其是在分割电流方面，爱迪生永远与别人的意见相左，而别人的话他也听不进去。

科学界的一些精英人物同样存在着这样或那样的性格缺陷，比如心胸狭窄，不能接受别人的成功，最担心自己被别人的光芒掩盖而失去光彩等等。如此这般，爱迪生在与他们交往时不可能不遭到各种各样的指责和妒忌。

发明新型蓄电池

19世纪末，工业已普遍使用电力，许多大城市建筑了大型发电厂，供给工业、电信事业、电车和电灯照明所需的电力。

发电机可以提供充足的电能，可是发电机不便于携带，这成了它的美中不足之处。而蓄电池比起发电机来，小巧玲珑，甚至更轻便，但是只能供短时间使用。因此，爱迪生决心试制一种新型蓄电池：他希望这种蓄电池体积小，便于装在旅行袋里携带；重量轻，一只手便可举起；成本低，每个人都买得起；电力强，能长时间持续供电。

1900年初，爱迪生开始着手蓄电池的研究。

那时候爱迪生的敬业精神，同事中没有谁比得上他。爱迪生累了不管什么地方躺下就睡；醒了，不管是白天或黑夜，立即开始工作。已经工作了5个月，试验了九千多次，却毫无进展。

爱迪生不断地在失败中积累着知识，总结着经验。最后，他终于获得了成功。

1902年夏，他用试验成功的电池作车辆动力的试验，行

程为5000英里，每充一次电，可走100英里。

1903年，爱迪生将对蓄电池进行抗振试验，他把蓄电池放在振动台上反复试验；他又把蓄电池放在屋顶上，然后通过窗户把它扔在地下，看它是否破裂；他又把蓄电池装在汽车上，叫汽车在新泽西崎岖不平的小路上行驶。这样的试验持续了几个月，试验结果令人满意。

爱迪生发明的新型电池终于完成。1904年，他在新泽西的银湖开始出售新型电池。他向人们介绍这种新型电池的使用价值，极力向人们推荐它，以扩大它的影响。

很快电池便投产了，而且销路不错，人们迅速地购买了装有真正的蓄电池的电车。但不久，人们发现了这种蓄电池存在严重问题：有时在车辆行驶中，电池中的化学液体会流出来；许多电池还出现了电力衰减状况，以至于一些司机竟担心他们的车使用这种电池是否还能开动。这时爱迪生得知工作还没完成，于是立刻下令把工厂关闭停产，停止制造电池，把钱还给所有购买他们电池的人，而他自己重新开始了一个新的长期的实验。各地的用户买不到货，问商店，商店也莫名其妙。有些人便直接写信问爱迪生，爱迪生则认真地回信，向他们说明情况并道歉。

爱迪生再次投入紧张的工作，寻找电池漏电的根源。到1905年夏天，试验记录簿上的新数字已经是10 296次。这年冬天，他患了一种叫乳突炎的病症，在这场病之后，他才暂时搁置了电池的研究。

自信支撑着爱迪生，他仍在艰难中跋涉，这时他们所要搜寻的材料之一是铅。当听说有位地质学家在北卡罗来纳的

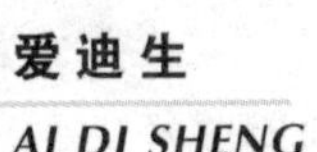

夏洛特发现了铅以后，爱迪生决定亲自去看一看，于是他带着儿子查尔斯和另外3位助手，分乘两辆蒸汽车从西奥兰治出发直奔夏洛特。夏洛特没有旅店，他们自己搭起了帐篷，这情景与30年前爱迪生观看日蚀的旅行很相似。

在电池推向市场之前，爱迪生解决了许多极其复杂的问题，其中最困难的是镍片的制作，这种镍片只有1/25000英寸厚。在爱迪生看来，薄度是电池成功的关键。制造出适用的薄片是一种技术上的成功。

在爱迪生投入研究电池的第10年，爱迪生终于制成一种相当理想的镍（niè）铁碱电池。

到1910年，就投入大规模生产。这种蓄电池的优异质量出乎他和助手们的意料。这种新型电池用途非常广。用薄镍片制成的蓄电池充一次电可使汽车走100英里，而一般铅蓄电池只能供汽车走50英里。而且，这种电池也不会因过量充电或连续放置不用而损坏，寿命相当于铅电池的好几倍。

因此，在一段时间里，电车险些给汽车造成了危机。镍铁电池其实最适合于潜艇使用，这是爱迪生在试验之前未曾预料到的。

爱迪生式蓄电池也适合于无线电广播收音之用。蓄电池还可用于火车、轮船，作为远离发电厂的电力，例如远离城镇的农场。蓄电池的用途的确很大，直到今天，人们还在使用这种蓄电池。

爱迪生的一个朋友是这样评价他的：爱迪生一生专注于蓄电池的研究与试验，那么我们仍然要说，爱迪生不仅是一个伟大的发明家，他还是一个伟大的人。

对直升机的研究

在1880年的一天，《纽约先驱报》的社长戈登·贝内特曾访问过爱迪生，谈话中贝内特社长问道："爱迪生先生，人们说你是魔术师，那么，你能想办法使人飞上天吗？"

"我想我能做到，只是我太忙，抽不出时间研究而已。意大利的达文西早在400年前就想到让人在天空飞行，甚至连设计图也画好了，我记得我少年时代曾在图书馆看到，就像鸟的翅膀，当然很简陋。"

"此后，就没有人研究吗？"

"俄国人罗摩洛索夫研究过了，英国也有学者发表过飞行理论的论文。"

"真的吗？这些我一点儿都不知道。"

"我想在不久的将来，人就可以像鸟一样地在天空中自由飞翔。"

当贝内特离开后，爱迪生便画出了一份设计图，样子很像今天的直升机。采用两片螺旋桨，借助引爆纤维火药发生的反动力，使之快速运动，然后腾空飞起。

飞机设计图交由机械工厂，飞机很快就做好了，并且在研究所广场实验。当内装带状纤维火药的金属喷出管被引爆时，突然间发生强烈的爆炸，破坏了整个机体，残片经爱迪生身边飞过，幸好未伤到他。

研究所的同事们力劝爱迪生中止这项研究，但爱迪生没

有听从他们的劝告，继续研究，爱迪生成功地研制了火药推进装置。而今天我们使用的喷射机，采用的就是爱迪生的这项发明原理。

美国的莱特兄弟，第一次试飞是在1903年，那是爱迪生失败后的第23年。

爱迪生很快认识到飞行成功的重要意义，并预见了未来的飞行发展。他在1908年写道："不出5年，飞船将载着乘客飞越大洋。从时间上来说，这样的距离只需18个小时就够了，这样快的速度会使飞船商业化。到达北极，也只用40个小时。"

不到一年，他对《纽约时报》记者说："在10年之内，人们就会利用飞行器运送邮件，当然也可以载人，我相信它的飞行速度每小时可以达到100英里。"

当时爱迪生的这些细致入微的描绘，只是一种猜测，一种设想，他还对《纽约时报》记者说："假如我造飞行器，我将利用几个倾斜平面的迅速转动来起飞，因为旋转平面压缩飞机与地面间的空气，使之造成推力。然后，可用一只螺旋桨推动它向前飞行。"今天看来，爱迪生当时的想象与现代直升机的飞行原理很相似。

第七章

在战争的岁月里

- 应运而生的苯酚
- 与亨利·福特的交往
- 专心投入海军防务

应运而生的苯酚

1914年，第一次世界大战爆发。爱迪生企业的一些原料是从欧洲进口的，可是由于战争，原料发生了紧缺。

最突出的是石碳酸（或称苯酚）供应方面的问题。爱迪生的唱机工厂平常每天使用1.5吨的石碳酸，现在没有供应，不能制造唱片。问问各家化学药品公司，没有一家有货，工作只好停顿。化学药品公司说："现在开始从事研究，要想石碳酸上市最少还得等到一年以后，而且谁也没有把握。"

爱迪生准备自己制造石碳酸。其原因之一是他不想使自己的唱片厂停产；另一方面，对专家们的武断——也许在美国根本无法生产石碳酸，即使能够生产，成本也将十分昂贵，而且用不上几个月的功夫，工厂就得停产——爱迪生颇不服气。

爱迪生研究了生产合成石碳酸的方法，然后去找一些制造商，问他们是否愿意建造石碳酸厂。这些制造商非常谨慎，因为建造这样的工程并无前例可循。爱迪生一再表示，不会出现问题，一上马就能成功，没有发生故障的可能。一家厂商表示可以在6个月内供货，一般的厂家表示要用7个月、8个月、甚至9个月的时间才能实现。

为了争取时间，爱迪生亲自动手干起来。他聘请了40名化学家和绘图员，把这些人分成3组，每组工作8小时，而他自己则吃住在实验室。爱迪生不分昼夜地工作，困了就在自

己的这张只2英尺宽、长度不足伸直腿的办公桌上睡一两个小时。有一天半夜，一位工程师来找他，让他到工地解决一项机器安装的问题。爱迪生摸黑从办公桌上爬起来，匆匆拿起帽子，戴在头上。可是，还没走两步，他就用更快的速度把帽子摘了下来，使劲地甩了出去。

“怎么了，老头子？”这位工程师问。

“我也说不好，我觉得有什么东西在我头顶上爬来爬去。”

原来，在爱迪生工作的这段时间，他的帽子里有一窝老鼠“定居”了。

爱迪生的工作环境总是乱七八糟。有一次，他妻子建议在他的办公桌旁放一只痰盂，对此，爱迪生答道，“用不着，地板就是我的痰盂，而且我已经用惯了，我不用担心把痰吐到痰盂外面去。”

不久，爱迪生新建的石碳酸生产厂投产了，他用了20天的时间就生产了700磅石碳酸。接着产量迅猛上升，不久就

超过了自己唱片厂的需要，剩余产品被销到其他厂家。

与亨利·福特的交往

亨利·福特是美国的工业巨头，福特汽车公司（世界第二大汽车制造商，1903年由亨利·福特先生创立于美国底特律市。现在的福特汽车公司是世界上超级跨国公司，总部设在美国密执安州迪尔伯恩市。1908年福特汽车公司生产出世界上第一辆属于普通百姓的汽车—T型车，世界汽车工业革命就此开始）的建立者。爱迪生与福特是一生的好友。他们是怎么认识的呢?

福特第一次遇见爱迪生是在1896年的事。当时，爱迪生在底特律设有发电所。福特抵达底特律后，第一个找到的工作，就是“火力发电所”的技术职务。那一天，他拜访了火力发电所，求见经理先生，希望能让他找到一份工作做。他先递上一份履（lǚ）历表，然后接着说：“我对蒸气引擎稍具一些经验，我想请你让我在发电所里工作。”

负责人看过福特的履历表，就一边听福特说话，一边点头，接着说：“你有蒸气引擎的知识，那正好。现在有一台机器发生故障，你就先修理看看，录用的事以后再谈吧！”

严格说来，这就是一项求职考试。福特立刻动手修理机器，到下午6点，他就把蒸气引擎充气修理好了。对此，发电所的人都十分惊讶，因为那台出故障的机器虽已被修过好几次了，但始终没有人修好它。于是他立刻被任命为技师，

待遇是每个月40美元。 在他来到发电所的10个月后，他便被提升为发电所的所长，月薪高达100美元。

福特不为薪水高低，一心工作。下班后，他往往回家去研究汽油引擎的试作，他把辛苦研究出来的汽油引擎不厌其烦地加以试作，以求造出最优良品质的成品。福特对发电所的工作也作了各种的改良，特别是在提高工作效率方面，有了突破性的贡献。例如，三班制工作制度使工作效率大大地提高。 福特的敬业精神，得到了爱迪生的信任。最后，福特担任了爱迪生公司的总工程师。福特也十分尊敬爱迪生的发明和努力不懈的精神，当他完成汽油引擎的试作后，便带着这件作品请爱迪生过目。

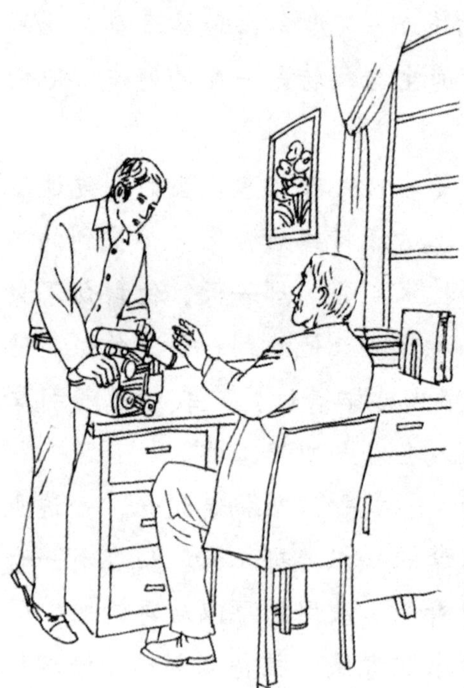

爱迪生说：“福特先生，你真伟大，真是辛苦你了！对研究的艰辛，我是相当了解的，但是为了造福社会，希望能忍耐，并请继续研究。引擎是动力的来源，除了电力外，将来一定会使用汽油，你要好好地研究。”

当爱迪生如此恳切地肯定福特，福特感动得几乎掉下眼泪来。他心想：我一定要让汽油引擎成为伟大的发明。

从此以后，爱迪生就和福特成为好朋友，两人来往得很密切。虽然爱迪生比福特大16岁，但是他们有共同的研究兴趣，因此年龄的差异并不影响他们的友谊。

只要一有机会，爱迪生就会勉励福特。后来，福特独立开设工厂的路程虽然相当艰巨，但由于有爱迪生的鼓励，他终于勇敢地接受命运的挑战，而向成功的旅程迈进。

有一次，亨利·福特和爱迪生等人一起到附近路德·伯班克的圣罗莎苗圃作了一次访问。路德·伯班克是著名的果树栽培学家，好几年来爱迪生一向仰慕这位和善的加利福尼亚植物学的魔术家。他们两个人的研究方法是有许多共同点的，只不过一个在发明世界，另一个在植物世界而已。

爱迪生曾说："伯班克想研究一种植物学时，先种了一亩地的那种植物，等它们抽芽长成后，他便仔细地从中捡出一枝来，再从这一枝上研究它的种子。这也就是我的研究方法。"福特想调查一下伯班克新培育出的家桃是否能长成形状大小都相似，以便于机器采摘。

他们来到伯班克的植物园。伯班克拿出一本签名册来，请两位显赫一时的贵宾签字。册中第一项是"姓名"，第二项是"住址"，第三项是"职业"，第四项是"嗜（shì）好"。爱迪生用了他那清秀的笔法在第四项上写道："一切事物。"而后他把册子递给福特，说道："照样地写吧。"

这次旅游，是一次未经计划的休假。他最喜欢这种玩耍，因为它含有顽皮孩子逃学的味道。爱迪生接受轮胎制造商哈维·费厄斯通的建议，放弃专列，同乘汽车。这样3个人就可以同路去圣迭戈，参加那里即将举行的另一次"爱迪

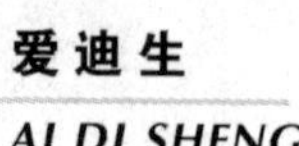

生日”。这是一次愉快的旅行。在分手之前，爱迪生提议来年再抽空出来野营一次。大家对这一建议似乎兴趣不大。但爱迪生终于说服了他们两人，尤其是福特。但最终福特还是因为生意事务而没有践约。费厄斯通最守信用，第二年，他带着夫人、小儿子、几名仆人和一位上等厨师同乘一辆载着冰箱、食品的卡车，开始了行程1000英里的旅行。

爱迪生的另一个朋友约翰·布鲁斯也参加进来。旅行设备由爱迪生提供，最使爱迪生自豪的是，他的一只蓄电池不仅可供照亮露营地，还为四顶帐篷的照明准备了充足的电力。约翰·布鲁斯曾写道：“能够看见爱迪生这样的闲雅游荡真是极有趣的事。他在中午时在树下铺了一条毛毯，曲着身，和衣地睡着。他睡得那么的甜蜜，简直像一个婴孩。在天还没有亮时，便起身跑到火盆边加上一些柴块。有时坐在河边池旁给自己化装着。他时常批评我们的饮食太过度，滔滔不绝地宣传他自己的节食主义，他每餐只吃一小块烘面包和一杯热牛奶。

在一个寒冷的晚上，爱迪生发明了一个铺叠床毯的新方法。他把几条毛毯连结起来，自己一个翻身跳了进去，他就算上床睡觉了。”爱迪生是他们一行中无可非议的首领。在其后的几年里，他们这些人又多次出行，每次都是预先确定出露营地，计划好路线，订出旅行守则。

此时的爱迪生接受了美国海军部的邀请，承担了一些军事开发项目。1916年5月13日，纽约举行国民备战大示威。据预先布置，爱迪生将加入游行。反对党投书恐吓，说将致爱迪生于死地。爱迪生不顾恐吓，仍然出席了这次大游行。

由4名暗探左右护持，游行到终点，没有发生意外。海军部人员与爱迪生同行，居工程师队之首，沿途的人争识爱迪生而且大声喝彩、鼓掌。报刊对这次游行进行了报道。

专心投入海军防务

1917年1月，即在美国参战的3个月之前，爱迪生受海军部长丹尼尔斯之请，研究如果美国参战后，应作何计划，并借助何种新发明等。因此，他把自己的事务全部托付给了自己的副手和同事，并停止正在进行的其他实验工作，专心致力于海军防务，历时两年之久。

1917年2月，为了实现把英国困死的狂妄企图，德国命令恢复无限制的潜水艇战，对所有在战争区域出现的中立国船只均进行攻击。德国指挥部并非不知道这样一来必将把美国推向反对自己的战争，但他们想进行一次冒险，争取在美国进行总动员之前就把美国打垮。几个星期之内，又有几艘美国商船被鱼雷击沉，生命财产都遭到损失。

当时，美国总统威尔逊正在竞选连任。他在连任总统之前对参议院说："任何一国不应控制另一国；任何一个大国不应成为世界陆地或海洋的主宰；必须限制军备；必须建立一个国际组织以维护持久的'彼此平等的和平'，即'没有胜利者的和平'。"但在总统讲这番话的前三天，德国政府已告知其驻华盛顿大使伯恩斯托夫伯爵，不加限制的潜艇战即将恢复，即使此举必然导致美国放弃中立。

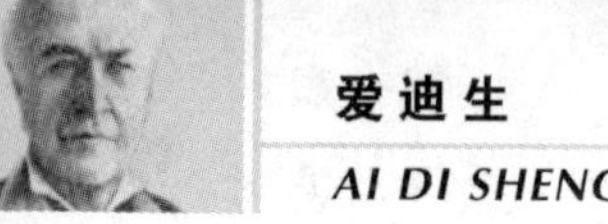

为了适应新的战争形势，威尔逊不得不要求国会宣战。1917年4月6日，美国终于加入协约国向德国宣战。

美国参战后，爱迪生打电话给普林斯顿大学校长希本，请他派4位物理学家来协助解决研究工作中遇到的问题。当时的一个研究项目是：如何在不改变鱼雷航程和尺寸的情况下，通过改进鱼雷的推动装置，使鱼雷的药载量加大。普林斯顿大学的物理学家卡尔·康普顿受爱迪生的委托，研究这一问题。

“期待您尽快找到答案。”爱迪生对他说。

康普顿再次见到爱迪生时，他告诉爱迪生，为改进推动装置，他找到了3种燃料。接着，他一一道来。

爱迪生把这3种燃料全部否定。“第一种燃料只能从德国获得，无法采用。第二种燃料已作过试验，因为有爆炸危险，只好放弃。第三种燃料含有木酒精，水手们会饮用，所以也不合适。”

康普顿最终又提出了另一种选择。爱迪生看过技术细节之后，要他去找执行同一任务的哥伦比亚大学的一个青年研究，看他们的结论是否相吻合。

如何防范德国潜水艇的攻击？一方面，发挥美国潜艇的作用。当美国参加第一次世界大战时，约有50艘潜艇在服役。另一方面，改进和发明潜艇装置。这个问题在海军顾问委员会最先被提出来时，爱迪生特地邀请古立奇博士来商量。古立奇博士是将爱迪生发明的电灯改良为钨钢白热丝电灯的科学家。爱迪生一向将他的能力估得很高。爱迪生和古立奇博士一致认为，防止潜水艇攻击的最好方法是“水中听

音机”。

“古立奇先生，对于利用水中听音机事先知道6公里外来袭的敌人潜水艇的方法，以及如遇敌人鱼雷攻击，我方船只能迅即换转90度的装置，希望你来想办法。”爱迪生问道。

“这很困难，不过愿意试试。”古立奇回答。

古立奇博士果然没使爱迪生失望，没多久发明出能发现在附近3公里内海中潜水艇的“潜水艇探知器”。有这项设备，美国海军的损失大为减少。

潜艇预报装置的设计一直占据着爱迪生的思想。早在欧洲战争爆发之前，美国海军就在寻求一种更灵敏的扩音器，充当探测潜艇的装置。一般应用的碳粒式扩音器电阻太大，爱迪生计划用金属粒取代。然而，金属粒又不够灵敏，后来他找到了一种巧妙的制作较轻金属粒的方法。首先，他搞来一批猪鬃。在猪鬃上镀上各种不同的金属。镀过金属的猪鬃被切成1%英寸长，置于苛性钾溶液，将猪鬃蚀去，最后只剩下一个小金属圈。这些小金属圈微粒便在实验扩大器中代替了碳粒。

反潜战的另一战术，基于鱼雷不是直接向敌舰开火，而是找提前量截击这一事实。爱迪生应用这一事实，通过计算与实验，找到一种使军舰突然调向避开鱼雷的方法。应用这种方法，不管军舰

◎提前量：指对运动目标射击时，瞄准点提前于目标运动前方的距离。提前量的大小，根据目标距离、运动速度、弹头飞行时间和目标运动的角度等条件而定。

的速度有多快，舰体有多长，都可以在相当于舰身2/3到3/4长度的范围内与自己原来的前进方向成直角。装有这种设备的军舰还配备了测听器，只要发射鱼雷的声音一到，调向就开始了。

爱迪生在战后解释说：“这种调向装置，像多数高效装置一样，结构极其简单——只用几根粗绳拴上极大的锥形海锚（máo）即可。这种装置设在船头，而不是船尾。锚一落下，船头停止了运动，船尾便自动调转方向，仅冲出几百英尺远就可以完成调头。”

爱迪生关于海战方面还有很多奇思妙想。

比如，在离美国东海岸50英里至100英里的海域设几十只浮标。每只浮标由3人管理，浮标上的人员都被提供够4个星期用的食物和淡水，让他们呆在这里监视海域，如发现潜艇活动，就用无线电报告海岸。

爱迪生说，用无烟煤作燃料，可使轮船被潜艇发现的距离从40英里半径降到20英里。如果再去掉桅杆和烟囱，或将这些突出物伪装起来，被发现的半径就可以进一步降到12英里。

爱迪生针对舰船烟囱的毒烟设计了一种特制的面具，并亲自在一间充满了硫酸呛人气味的密室里试验面具的效果。

他还设计了拦截鱼雷的网，扩大舰队视野的潜望镜，甚至制订了保护泽布勒赫港的具体措施。

泽布勒赫港是1918年英国皇家海军袭击的目标。爱迪生想用无人驾驶的电动平底船，装满炸药，由陀螺仪舵控制，来巡视海面。

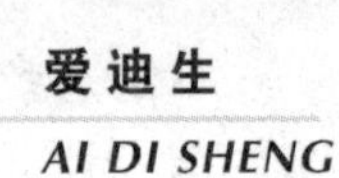

自爱迪生受命于丹尼尔斯以后，曾为海军进行了39项发明。例如：窥听潜艇器、船只快速转弯法、领导商船脱离水雷区域法、阻鱼电网、水下探灯、保持沉水后潜艇之稳固平衡法、侦察敌人飞机法、船舶用电话、发炮瞭望台之云梯、保护潜艇炮及他用炮类不锈法，等等。

这些工作实际都是爱迪生本人完成的，或是在自己的实验室，或是在海军基地，由官方派海军人员协助。这些发明全都是防御性的东西，而非攻击性武器，从这里就可以看出爱迪生还是厌恶战争的。大战结束后，爱迪生是唯一获得海军部“特殊勋章”的平民。

但是，由于爱迪生不了解海军传统，海军部有人怀疑他是否能帮助美国海军打赢这场战争。他在几年以后说：“在战争期间，我作了大约40项发明；每一项发明都十分成功，可是他们一项也没采用，都闲置了起来。海军官员讨厌平民插手他们的工作。这些人开办的似乎是封闭公司。”

一种说法是比较客观正确的，海军部只是想借用爱迪生的威望使公众相信政府。爱迪生后来也发现了这点，但他没有时间来抱怨，对他来说，某项发明只是他的生活组成部分，而非最后目的。在他一生中，他对发明只是“发明”而已，至于发明以后的事，他往往扔到一边不顾。

1918年11月，大战结束，爱迪生卸去海军顾问委员会的职务，重返研究所工作。

这时，爱迪生71岁，精神矍（jué）铄。他自豪地说：“我的祖父、父亲都活到90岁以上，我到90岁，还有20年，从事于新的发明，有的是时间。”

第八章

晚年的光辉

- 勤奋是成功的决定因素
- 爱迪生的测验
- 特立独行的发明家
- 纪念爱迪生
- 巨星陨落

勤奋是成功的决定因素

战后，爱迪生成为美国声名鼎赫的人物。1918年1月24日，爱迪生的几位同事创造了“爱迪生先驱会”，以此表达美国人民对爱迪生深厚的景仰之情。

老年的爱迪生除了选择在空闲时间外出旅行，其他时候仍毫不倦怠地勤奋工作着。面对这位年过七旬的老人，人们都竭力说服他缩减工作量，即使这样，爱迪生每天的工作时间仍然长达16个小时。这对年轻人来说都是一件不可思议、无法坚持的事情。同时他还牢牢地控制着西奥兰治唱机工业和其他工业，丝毫看不出他有年老体弱的趋势。有时，采访者也会好奇地问到他准备何时退休，爱迪生的回答一般有两种方式：其一是“葬礼之前”，其二是“当医生搬来氧气瓶的时候”。当有人继续问他打算如何度过晚年时，他很不高兴地说：“不应该想到这些。我现在精力还相当充沛，应该继续勤奋工作才对。”在时间面前，爱迪生永远都不服老，他喜欢战胜时间，与岁月赛跑。也许正是有了这样一种乐观积极的向上精神，才能使晚年的爱迪生依然保持着发明家的精神。

虽然爱迪生一生获得的荣誉无数，虽然他受到了全美的礼遇，但此时的他还是像以前那样真诚地接待陆续来访的记者，他还是继续严格地保持着自己在西奥兰治的工作习惯。爱迪生每天8点起床吃早点，通常是半杯葡萄酒、一杯咖啡加一块烤面包。用完早餐，他便驱车去实验室，阅读某项工

程的负责人员写来的报告，然后一整天都埋头处理自己手头的研究工作，很少在天黑前回家。爱迪生也常为生意上的事情去纽约和芝加哥，但他仍像早年那样极力回避固定形式的宴会。因为耳聋，他听不到别人的讲演，而且他也讨厌穿上考究的衣服出现在大庭广众面前。

在健康问题上，爱迪生依然是我行我素，只有熬到身体实在支撑不下去的情况下，才会在别人的催促劝解下去找医生。医生曾经建议他要严格控制饮食，善于发明创造的他也开始摸索找寻属于自己的饮食规律，他详细地分析了各种食物对自己身体的影响之后，把有可能给身体带来麻烦的饭菜统统砍掉，宣布自己将采用一种“饮奶疗法”。这可是闻所未闻的饮食方法，恐怕也只有爱迪生适用了。81岁时，爱迪生患了肺炎，他拒绝服药，坚持采取散步的运动疗法来治病，并顽固地认为睡眠也可以根治他的不适。

人们常说，托马斯·爱迪生是他那个时代最伟大的天才，历史上只有为数不多的几个人像第一盏电灯的发明者一样让人类的生活发生了翻天覆地的变化。但当爱因斯坦等科学家称他是“一位发明的神灵”、“一位能生产的天才”，从而把他列为世界伟人的时候，爱迪生感到心神不安，他甚至对“天才”二字感到憎恶。爱迪生说：“将自然界的奥秘取出来运用在为人类谋求快乐上——当我们在今世最短促的时光中，我不知道有比这样更好的服务。”他又解释说：“天才就是2%的灵感加上98%的流汗。”他反驳那些称赞他是天才的人：“这完全是假话，艰苦的工作才是实在的。我的发明是靠实践得来的，绝不是什么天才。”在他看来，

“天才”已经不是一个美好的词汇，相反成了阻碍他前进路上的绊脚石。

爱迪生在谈到他的创造发明时还说过：“倘若一个人过去没有成绩，不足以表扬自己，那么，请他埋头工作，不要多开他的尊口。我深信实事求是不空谈的人。”他还说：“我的人生哲学是工作，我要揭示大自然的奥秘，并以此为人类造福，这是度过我们短暂一生的最好方式。”当有人问起爱迪生的成功秘诀时，他又说：“要干，一直干到底，不成功决不罢休，要有毅力才行。”

这些话，既表达了他从事创造发明的目的，同时也反映出他为达到这一目的而付出了何等艰苦的努力。记得曾经为了找到一种既能发光又不会立即被烧毁的灯丝，爱迪生到图书馆翻阅了数百种技术资料，做了二百多本资料摘要。与此同时，他对各种有可能被用作灯丝的材料都进行了广泛的实验。总之，他用自己的一切行动来证明一句话：勤奋是成功的决定因素。

1924年5月，美国

投票选举国内最伟大的人。爱迪生得票最多，光荣当选。美利坚合众国授给他一枚特级国会荣誉勋章，这是国家的最高奖赏。这时爱迪生已经77岁，还是照样“一天干两班”，从来没有想到要退休。他的座右铭是：“我探求人类需要什么，然后我就迈步向前，努力去把它发明出来。”

爱迪生的测验

作为享誉世界的发明家，爱迪生不但关注自己的发明，也十分注重对人才的培养。他知道，科学事业只靠几个人是行不通的，必须有更多的人才加入这支队伍，科学的道路才能顺利地延续下去。而在人才的挑选培养中，爱迪生最为关心的不是他们具备了怎样的专业技能，他更多看重的是这些年轻人的整体素质，这与当时的教育似乎大相径庭。

有一次，爱迪生说：“好像最近的学校教育都在造就一定形式的人，没有让人的智慧有充分的发展。其实只要自己看书就能知道的事，没有必要非由老师来教不可。倒不如养成青少年自己的思考能力，否则的话，将来要想有什么大发展是没有什么希望的。”

“我赞成你的看法，”随声附和的是福特，“爱迪生先生，你觉得需要怎样的教育？”

“我的研究所，每年都有许多青年想来就职。我提出种种问题来考他们，问题中很多都和发明、工业毫无关系。这些应征青年，有的显出不以为然的样子，认为我问得超出范

围之外，那样的青年我就不用。我提出许多题外问题的目的就是想看看这位青年在精神上是否健全，是否具备在我研究所工作的性格。”

“的确不错！”

“福特先生，我也常常想，美国今后必将有更大的发展，我们需要培养优秀的后继人才。美国青年中一定有不少优秀的，但是否有发掘这些优秀青年的方法呢？如果能发掘这样的优秀青年，我愿提供就读大学的奖学金。”

停了停，爱迪生又接着说道：“在我的雇员中如果有一个人在规定的时间中只能完成预定工作的一半，或是比一半多一些时，我便要长期地观察他，一直等我发现出他的原因来。一般学校中的学生的学业，只须60分就算及格，我认为这办法是可耻的。”

一旦有了行动的想法，爱迪生总是迫不及待地抓紧一切时间投入到工作中去。于是，在他的带动下，亨利·福特、摄影大王乔治·伊士曼、麻省理工学院院长史特兰特博士、横渡大西洋的飞行冒险家林白以及另一位学院院长柏利等5人很快组成了审查委员会开始着手准备考试。

第一次考试的目的是从各州选出一名优秀青年，之后再加上欧洲地区代表49人齐集爱迪生的研究所内接受第二次考试。

这些试题总共有57道，大体可分为四类：第一类是物理学，第二类是化学，第三类是数学，第四类是常识。一至三类都由专业学者出题，与一般考试并无多大差异。例如物理学方面的试题如下：“说出噪音与音乐、音响的差

别。”“教会里的风琴，如果没有暖气设备，每遇寒冷天气，音调就会改变，这是为什么？”第四类正是考试独具特色的地方，题目的设置旨在展现考生作为社会一员对如何为社会作贡献的想法，所以这一部分由爱迪生亲自出题。

考试结束后，这份特别的试卷很快被发表在全美各大报上，在社会上引起不小的反响。大家对这样的考试充满新鲜感，跃跃欲试，表现出浓厚的兴趣。我们熟悉的伟人爱因斯坦（Albert Einstein）博士看过常识类试题后说：“这太难了，就连我去考，恐怕都考不及格。”他幽默的话语引起了大家的笑声，也由此可以见出这份试题的重量的确非同一般。

◎爱因斯坦：1879年3月14日—1955年4月18日，美国物理学家，犹太人，现代物理学的开创者和奠基人，相对论——“质能关系”的提出者，“决定论量子力学诠释”的捍卫者。1999年12月26日，被美国《时代周刊》评选为“世纪伟人”。

看到这里，大家一定想知道爱迪生负责的第四类考题究竟出了哪些问题，那么，就让我们一起来看看吧！

这部分试题全都是一些出人意外的问题，例如：(1)如果你有百万元的遗产，要怎么运用？(2)你愿为下列主题中的哪一项拼命？幸福、快乐、舆论、名誉、金钱、爱情。(3)你临终前回顾自己的一生，以什么来决定自己的一生是成功或失败？(4)你认为什么时候可以说谎…… 这类型的题目都可说是关系到个人利益的切身大事，这在以往的考试中是不多见的。这些问题没有统一的标准答案，因此，考生们也是绞尽脑汁，答案五花八门，也许这正是爱迪生出题的真正目

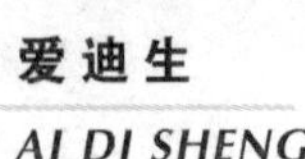

的——考察这些年轻人在精神上是否健全。

考试结果同样令人瞠（chēng）目结舌，拿到最高分92分的竟是一位年仅16岁的少年，另外还有3位少年及格。爱迪生遵守诺言，奖励给这4位少年4年大学的奖学金。

也许是发现这样的考试对于人才的展现有着不可小视的意义，爱迪生又为申请在他的公司工作的人拟定了考题。考卷上共设置了150道题，这些题目有一个共同的特点，就是与实际工作内容毫不相干。这样一些天马行空、毫无联系的考题，产生了外界的不少异议。欣赏它的人认为爱迪生展现了人生更深层次的意义和价值观，反对他的人则认为爱迪生纯粹是在和大家开玩笑。面对各种赞扬和谴责的声音，爱迪生不为所动，他的解释是：除了考试，用其他方法录用的经理人员很难称职。

在爱迪生看来，做经理，最重要的素质是记忆力。但他也认为："不是说记忆力好的人必然就是好经理。也许有的人记忆力超群，却不能担当讨价还价的重任。但是，如果他的记忆力好，那就具备了一个基本条件，其他条件都在其次。"1921年11月《科学美国人》载文说："爱迪生认为如果要在工作上试验一个人是否能干的方法是太浪费了。在过去，由于他的手下人的健忘已使他损失了5000元。"

通过自己设置的特别考试，爱迪生得出了两个结论：其一，人们的教育水平与职业要求相差甚远。例如在首次测验的718名高才考生中，只有57人达到了70分的成绩。后来又减为40个，算是"中等"。80分左右的只有32个。这样的数据表明在爱迪生的考试面前，很多高学历的人才都是不符合

要求的。第二个结论是，这种考试确有成效。他所雇用的那些成绩好的人以后都成了出色的经理，而未通过考试雇用的人都不能胜任经理之职。爱迪生说，他们的成绩是“最最劣等”。因此，就爱迪生本人而言，已对考试作出了肯定的结论。无论外界怎样批评，相信我们这位特立独行的科学家都将坚定不移地将考试进行到底！

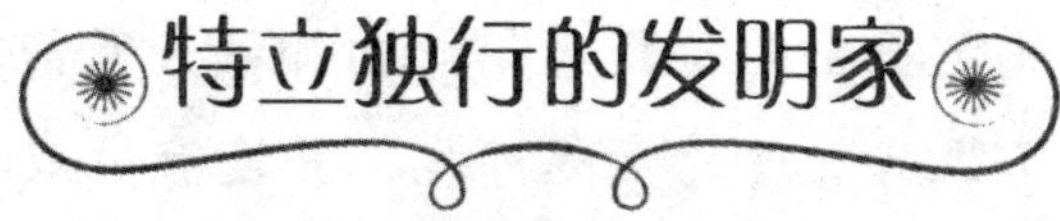

特立独行的发明家

爱迪生无时不在试图解答世界和人类的有关问题，这就是他毕生的工作。像很多对社会作出了巨大贡献的名人一样，他时刻保持着高瞻远瞩的科学目光，预测着别人看不到的未来。

1922年，爱迪生在自己的日记中写道：“原子能终有被发现的一天。其实，我已经在自己的实验室按日益增长的有关资料进行了试验……就原子能而言，目前还没有希望作出更多的预见……”这一对原子能未来的展望，远远超出了同时期的许多科学家。

爱迪生74岁时开始研究以太。对于自己的这一兴趣，爱迪生说：“进行这项研究是为了消遣。现在，我只是阅读有关文献，了解一下其他人的想法、其他人公布的资料和他们的发现。目前，有关以太的结论是否正确，我还不能断定。如果爱因斯坦能够在空间、时间和几何形状问题上有了新的发现，那就更说明现在人们对以太的认识还没有最后完成。

不过，当前我什么意见也不能发表，因为我手头的数据不足。没有数据——我说的是全部数据——我就无法工作。”

《纽约时报》的记者曾经请他评论美国的经济形势，爱迪生凭借他多年的经验和研究，毫不犹豫地指出，美国的经济状况是“有些紊（wěn）乱”，但“只要有毅力、有决心、靠艰苦的劳动，是可以使它走上正轨的……不要称之为恐慌。这只是一段萧条而已，用不着担心，只要我们坚定不移地克服困难就成。”他的意见一经发表便得到了人们的重视，可惜他随之推出的“新币”计划却被专家们不加考虑地指责为超出了银行管理的实际可能，并没有被采纳。

81岁时，爱迪生来到了佛罗里达。此刻，他对在美国种植橡胶的可能性产生了强烈的兴趣。这对爱迪生来说是一项全新的事业。早在十多年以前，即1915年他访问伯班克在圣巴巴拉的苗圃时，就曾与福特讨论了假如美国参加欧战，橡胶供应该如何解决的问题。大战过后，福特将底特律的福特汽车工厂大事扩充，并邀请爱迪生前往参观。那时福特对爱迪生说：“制造汽车的器材，全都可在美国国内生产，只有橡胶需要输入。今后汽车一天天增加，替代美国人的双脚

的日子，就在眼前，可是制造轮胎的橡胶，却非得从外国进口不可，这对美国确是一个大问题。”几年以后，福特就建议爱迪生着手研究这一问题。

爱迪生接受了福特的建议，于1927年成立了爱迪生植物研究公司。他用福特和费厄斯通投资的9万美元在迈尔斯堡买了橡胶种植园地，并建起了一座新的实验室。虽然战争停止了，但战争的威胁并没有完全消除。爱迪生担心战争还会爆发，会给美国的橡胶供应造成困难，因此现在对橡胶的研究对他来讲可是头等大事。他写道：“不要以为再也不会爆发战争了，尽管我们可能在相当长的时间里没有战争威胁，但或迟或早欧洲各国会联合起来向美国发动进攻。这时他们要做的第一件事就是切断我们的橡胶供应。”

眼下，年迈的爱迪生正为了这件事忙碌着。也许是因为年纪大的关系，爱迪生更将自己的全部时间和精力投入到对橡胶的研究中去，他要争取一切时间来完成自己的工作。爱迪生渴望从橡胶树以外的植物中提取橡胶，他想：“橡胶树以外的植物，没有办法生产同性质的东西吗？橡胶树需要经过那么些年，才能采到橡胶；如果像杂草那样，每年都能采到同性质的东西，那就好办了。”他认为，首先应将北美和南美的植物收集起来，依次采取树液进行研究。

于是，他将迈尔斯堡的植物学家们派往世界各地去寻找可以提取胶乳的植物。为了满足美国的橡胶之急需，他要求采集的植物的生长期必须很短，“八九个月就能成熟，并且是用机器收割的可供提供橡胶的植物。取胶工艺也将机械化，尽量少用手工劳动。”要达到这样的要求并非易事。在

爱迪生的影响下，他们全家脑子里都装满了橡胶。用爱迪生太太的话讲："我们一家大小无时不在谈论橡胶。我们说的、想的、梦见的都是橡胶。因为除此之外，爱迪生先生不许我们做其他事情。"

这期间，还有一个有趣的小插曲。

爱迪生81岁生日的那天，纽约的友人们特地在阿斯托饭店举行宴会为他庆祝，但是身为主角的爱迪生却并没有赶来参加。宴会上众人接到了爱迪生从佛罗里达发来的电报：此刻正愉快工作。来宾被弄得哭笑不得。

梅多克洛夫特不得不站起来打个圆场，向大家报告爱迪生的"工作"："由于他那天赋的彻底精神，他现在正探索着一切关于橡胶的种植和制造的知识。他参考了无数的材料，且不说国内外关于这一个问题的报刊杂志吧，他所翻阅的书籍就足够装满两架5尺高的书橱了。他的目的是想从美国南部各州和其他在冬季冷至零下20℃的各州中所产生的葡萄藤、灌木

以及杂花中提出橡胶来。

“爱迪生先生已经在进行着这一个伟大而艰苦的工作；而他很安于这一个工作，他依旧以他的彻底的精神、充沛的活力和无限的热忱去处理这个问题。在他一生的研究工作中我从没有看见他比这一次更为全神贯注的了。几个月前他曾对我说：‘我已经研究了60年的物理学，而我现在所从事的却是一些全然不同的学科，因此，我觉得很高兴。’而现在他在佛罗里达的确处在工作的最紧张时期中。这次他带去了实验室中的7个助手。他在临行前，已经收集了并且试验了945种植物，他发现有很多种植物中含有品质很好的橡胶，现在他将试验更多的植物，也许是一倍，也许再多些。”

很快，之前被派往世界各地去寻找能够提取胶乳的植物的人们采集了约3000种植物回到美国。爱迪生对所有植物进行分析研究之后认为，有几种菊科植物可能符合要求。功夫不负有心人，经过杂交，爱迪生成功培育出了一种高12英尺、含有大量胶乳的新型植物，他将这种植物送给费厄斯通一批，费厄斯通用由它提炼出的橡胶制作了福特牌旅行车的4只轮胎。大家十分欢喜，以为橡胶的研究终于可以告一段落了。但是，新的问题很快就来了：使用这种菊科植物提胶，造价太高。

对于成本，爱迪生早已以他丰富的经验断定将来的成本可以降到和进口橡胶竞争的水平。1928年，这个老发明家继续努力的试验。他说：“再给我5年的时间，我一定让美国出现常年产胶的植物！”他预测使用他发明的方便的提制机器在每亩菊科植物中可以制出100磅的橡胶。“我希望产量

能增至100天10磅，我们现在还正在开始，如果工作原理确定了，将来的希望真是没有止境呢。”

遗憾的是爱迪生的希望并没有实现，由于他后来患了肾功能失调综合症，只好被迫放弃了橡胶植物的种植研究。当此项任务由爱迪生的后继者重新承担起来的时候，已不再是从菊科植物中提取橡胶，而是新的合成橡胶了。然而爱迪生从野草中提炼橡胶的功绩，还是受到了世人极高的评价，开创了时代的先河！

纪念爱迪生

1929年10月21日，是电灯诞生50周年的纪念日。为了纪念人类历史上这个跨时代的日子，邮电部门特别发行了印有最初的炭丝电灯的纪念邮票，写着“爱迪生的第一盏灯”。亨利·福特将爱迪生位于门罗公园的建筑物重新建在密歇根州的迪尔本。那教堂式的长形实验室、华丽的办公室、低矮的砖屋机器厂、吹玻璃室、烧炭棚、树木以及带红色的粘土，全都搬去，每样东西都和当年门罗公园的情景一样。布置妥当的屋子静静地等待那个50年前曾在此工作的主人在这一颇具纪念意义的日子旧地重游。

当爱迪生走进复制的实验室时，心情别提有多激动了，久远的记忆又回来了。他的实验室就矗立在眼前，简直难辨真伪。连铺在地面上的土，也是用数辆卡车从门罗公园特地拉来的。爱迪生看后叹道：“这是新泽西可爱的黏土。”福特和爱迪生当初在门罗公园的几位同事跟在他的身后。当时《底特律自由新闻》的记者见状写道："当爱迪生走到一把椅子前坐下时，他身边的人都原地不动，离他十几英尺远。大家保持着肃静，参观者们好像一致意识到了此情此景的庄严，意识到了他们面前这位82岁老人的回忆正潮涌般的一幕幕展现在眼前。他坐在那里一声不吭，双手交叉，显出一副无法描述的孤零零的样子。这是一种天才的孤零，他活得比同时代人要长，在这个世界上已经再没有同仁能与他分享此时此地的境界、思想和感情。

"大约在5分钟，也可能在10分钟的时间里，这种情景没有受到任何动静或动作的干扰。只有爱迪生不时地四下张望，他的双眼噙满了泪水。后来，他清了清嗓子，才打破了'实验室'的沉寂。"

可以说福特在这次展出的细节上下了很大的功夫，耗费了不少精力。此前弗兰西斯·杰尔正在欧洲，福特特意邀他一起乘船渡过大西洋，请他在这次展览中充当一个角色。当福特将用垃圾堆里拾到的碎片复原爱迪生曾用过的老钵指给爱迪生看时，爱迪生赞许地表示整个建筑及其内部陈设准确到了90%。福特听了，心里有些不是滋味，自己花尽心思布置的实验室居然没有让爱迪生百分之百满意。他不满地询问哪里出了错，爱迪生幽默地回答："我们当时的地板从来没有这样干净过。"众人被他的话逗乐了，福特也松了口气。

这天上午，从华盛顿开出的胡佛总统和夫人的专车也到达了。爱迪生和妻子前往迎接，他们一行乘坐19世纪的以木头做燃料的列车前往福特历史博物馆参观。在短暂的旅途

中，爱迪生重温了自己童年的生活。他拿了一只列车服务员的篮子，用微弱的嗓音向他的同行者吆喝着“糖果”、“报纸”。

晚上，大家再次聚到“实验室”出席宴会，观看已经准备好的表演。当客人们在昏暗的灯光下走进“实验室”时，全美有数百万听众早已守候在收音机旁，等待着收听现场播音员的实况解说，因为爱迪生将在这里举行一次他在半个世纪以前戏剧性的关于电灯实验的表演，只是模型比当年稍有逊色。

弗兰西斯·杰尔预备好了真空泵（bèng）。坐在泵旁的爱迪生一声令下：“开始，弗兰西斯。”一会儿，随着压力的增大，爱迪生起身接通电源。电灯开始发光，并且越来越亮，直到夜空呈现出了白昼般的光明。与此同时，附近的电灯“唰”的一下全部打开。同样，美国各地的数十座城市也为纪念爱迪生的功绩开启了所有的电灯。夜空下的美国在灯光的辉映下光彩极了！

宴会上，胡佛总统发表演说：“在我们的国家中，科学家和发明家要算是最可贵的无价之宝了。他们以他们的创造

力和虔诚心逐步地把他们的科学思想化为事实，供给每一个人享用。由于他们的努力促使了我们的进步，这种伟大的贡献是无法估价的。

“爱迪生先生凭借他的天才的创造从平凡的开端跻身闯入了世界伟大人物之列。他的生活给予了我们一种新的信心。我们相信我们这时代的人物一定能支持机会之门的敞开而让愿意进去的人走入的。

“人类的文明好像一个花园，它的优劣是以花朵的品质来决定的。在栽培时我们花了多少的精力使它肥沃，我们花了多少的力量去防御破坏力的侵袭，那么我们就能收获多少的花朵；而由于这些生命的芬芳馥郁，更激励我们去从事新的努力，给予我们以新的力量，加强我们对未来的信念。”

爱迪生也在宴会上做了简短的发言，结束时他特意向亨利·福特致谢。他说：“我只能用一句含义最完全、最恰当的话告诉大家——他是我的朋友。祝诸位晚安。”

也许是兴奋，也许是有些疲倦，话音刚落，爱迪生脸色骤变，一旁的人马上召来医生为他注射强心剂。大家把爱迪生扶到隔壁的房间休息，他才渐渐恢复。

这趟迪尔本之行后，爱迪生的身体每况愈下。他去工厂的次数减少了，工作时间也比以前缩短了，对工厂事务的控制权也渐渐转让给了自己的助手。他还把工作的地方从实验室搬到了格伦蒙特的一个房间。不过从1930年到1931年，他还是坚持着尽量由自己为公司作出决策，可见爱迪生昔日的精神并非荡然无存，他还是在坚持与病魔做斗争，不让自己松懈下来。

巨星陨落

1931年6月，美国经济迎来了一次大萧条。当爱迪生获悉在大西洋城正举行一次电灯会议时，便拍去了他此生的最后一份电报。电文热情洋溢，他鼓励那些与会代表们："我要对你们说的是要勇敢些。我度过了漫长的岁月，见到了历史在不断重演——工商业的多次萧条。但每次萧条过后，美国都变得更加强大，更加繁荣。你们一定要像自己的父辈那样勇敢。坚定信念——勇往直前。"

7月，爱迪生到达加州的橡胶栽培试验场。当初由他栽培的只有一公尺高、采胶量也很少的橡胶植物经过研究改进，现在已经可以长到3公尺高了。

"再过5年，美国所需的橡胶就不必从外国输入了。"爱迪生兴奋地对在场的同事们说。

8月1日，爱迪生病情突然恶化，经医生详细检查，确认他患了布莱特症、尿毒症和糖尿病。医生知道他已经坚持不了多久了，但为了照顾公众的情绪，他还是宣布："可以把爱迪生先生比成一只驶入狭窄水道的船。他可能安全渡过。也可能触到礁石。"全国人民都为这位伟大的发明家捏了一把汗。令人惊奇的是，不久爱迪生便渡过了危险期，身体开始好转。又过了些日子，他每日下午可以继续驱车遛弯了。

到了9月初，爱迪生又一次进入危险期，也许是上天眷顾，他再次渡过难关。

10月4日，医生断定他的病已经到了晚期。在这期间，

每天都有来自世界各地的人赶来探望爱迪生。教皇也发来两封电报询问他的健康。胡佛总统关照身边的人随时把爱迪生的病情告诉他。迈尔斯堡的商会决定将10月4日星期日作为祈祷爱迪生康复日。

> ◎教皇：意指“爸爸”，最初本为古代天主教对其神职人员的一般尊称，至今在东派教会中仍有以此称神父者。

又是9天过去了。在最近的120个小时中，爱迪生只饮过6小匙的梨汁。他已经陷入了昏迷状态。在爱迪生昏迷之前，他曾透过自己寝室的窗子向外面的山谷望去，那里是过去他与孩子们嬉戏的地方。当时他微笑着说：“那里真美啊。”他还会见了费厄斯通，他带着胜利的笑容向费厄斯通示意放在屋里的4只用菊科植物提炼的橡胶制成的轮胎样品，病重的他依然念念不忘自己的研究和工作。

1931年10月18日，星期日，凌晨3点24分，发明大王爱迪生终于走完了他84年的人生旅程，结束了他伟人的使命。临终时他说：“我为人类的幸福，已经尽了心力，没有什么好遗憾的了！”3天后，也就是10月21日的傍晚，这位发明大王的遗体被埋葬在靠近他在西奥兰治克雷的家的大橡树下。

爱迪生去世的消息一传出，人们立刻陷入了极度的悲哀之中。唁电像雪片般从美国各地、从世界各国飞来，与此同时，爱迪生的家属和美国白宫也收到了数以千计的有关怎样纪念爱迪生的建议。曾经不止一次称颂爱迪生的德国传记作家埃米尔·路德维格主张纪念活动开始后，全世界的电灯都

象征性地熄灭一分钟。有的主张由胡佛总统下令，在葬礼当天将美国全境的电源切断一分钟。不过人们很快就发现这种对伟人的纪念有些不切实际，于是又有人建议，除关键的电灯以外，其他所有的电灯都在自愿的情况下关闭。

民众纷纷响应这一号召，全美各地熄灭电灯一分钟，以示哀悼。在这一分钟之内，芝加哥、加利福尼亚、丹佛、纽约，整个密西西比河一片黑暗，整个世界一片黑暗。接着，从东海岸到西海岸，从城市到乡村，灯火通明，亮如白昼，世界又恢复了光明。这一暗一明的对比，是世人对爱迪生最好的怀念，如果没有爱迪生，我们的世界也许还要持续黑暗几十年，甚至几百年。

与此同时，人们纷纷为爱迪生献上悼词和赞辞，其中以胡佛总统的话，最令人感动。他说："所有的美国人都是爱迪生的受惠人！我们不仅生活上接受他的恩惠和利益，最重要的是我们继承了他的精神遗产！爱迪生从报童、电信报务员干起，最后，他却以人类的指导者结束辉煌的一生。

"在民主制度下，爱迪生就是用他的一生，来作为这个恒真的信念的楷模！爱迪生个人的信念，就是我们后世取之不尽、用之不竭的精神宝藏！他为人谦虚，待人亲切，做事贯彻始终。爱迪生教我们：只要不懈的努力，必可达到目的。这就是他赐给我们的最宝贵的遗产！"

爱迪生对科学的最大贡献在于"他带来了这样一种思想，即科学总是要不断进步的。"他向人们表明，"具有献身精神的研究家们，通过集体或个人的努力，必定能够使人类的视野变得更加开阔"。

爱迪生的创造发明不仅在美国，在世界上都产生了很大影响。美国以爱迪生为骄傲。美国国会颁给他荣誉奖章。美国汽车大王福特说：“美国所以是世界上最繁荣的国家，这是由于美国有一个爱迪生。”美国的技术发展，大体上可以爱迪生来划线。

在爱迪生之前，美国的技术基本上是照搬欧洲的；在爱迪生之后，美国才有了自己的技术。所以，爱迪生是美国技术发展转折的一个标志。

全世界也不会忘记像爱迪生这样造福于人类的伟人。美国名人纪念馆陈列着爱迪生的发明。目前美国新泽西州的历史学家们仍在研究爱迪生的发明及其影响。

爱迪生的发明创造是人类的共同财富，他对人类作出的重大贡献将永垂史册。他超出了单纯的发明，实现了新发明的工业化生产，在他以前，人们都认为发明只是命运的产物。爱迪生根据实际需要搞发明创造，他向人们证明：发明并不是幸运或是精神突然错乱的产物。要有所发明创造，就必须付出艰苦的劳动和思考。

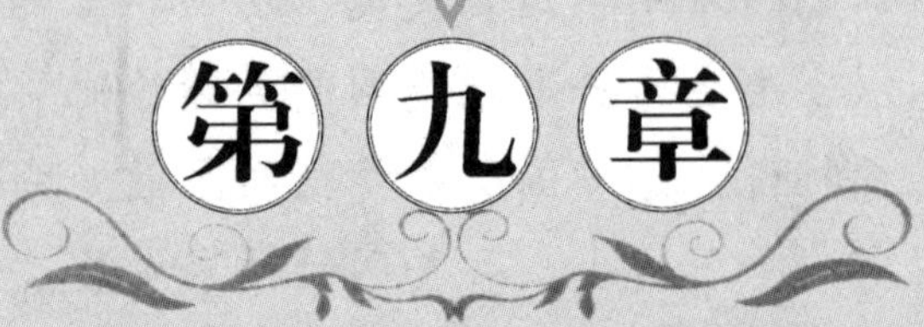

第九章

发明大王的幕后

- 废寝忘食的实干家
- 集体的努力
- 热爱学习的梦想家
- 在工作中生活
- 奇特的“养生”之道
- 伟大的妻子

废寝忘食的实干家

几十年过去了，爱迪生的离开并没有让世人淡忘这位曾经改写人类历史的巨人；相反，他将与世长存，成为人类心中永远的楷模。今天，我们有必要回顾他的过去，重温偶像的魅力。

年轻时的爱迪生一工作起来就废寝忘食。有人曾作过这样的计算：50年中，爱迪生在他的实验室里或工厂里，每星期的6天，甚至7天，常平均有18小时的日常工作。以多数人每日8小时的工作计算起来，他在工作上所贡献的时间，普通人要费125年的劳力。一位跟随他多年的人描述初次见到爱迪生的情形：他无异于普通青年，油垢满身，好像工匠一样，蓬首粗服，仿佛是个流浪汉，但是心胸宽广，一见到他，就令人肃然起敬。

由于他对科学发明实在太投入太痴迷了，也闹出过不少笑话。

一天早晨，仆人送早点来时，爱迪生正昏昏睡着，仆人不敢去惊动他。但这时，他的助手已吃完了早餐，趁着片刻的休息，想开玩笑愚弄他一次。于是助手把鸡蛋火腿等空碟子放在爱迪生面前，等着看他的反应。爱迪生醒过来，看见这些空碟子和喝干了的咖啡杯，还有满桌的面包屑，他疑惑地擦了擦眼睛，低头想了一下，原来自己迷糊中已经用过早餐了。于是，他照例吸完一枝香烟后开始工作！他的助手在一旁忍不住哈哈大笑，他这才知道自己是被作弄了！

还有一次是1871年的圣诞节，那是爱迪生同玛丽小姐结婚的日子。忙于实验的他竟把这个重要的日子忘得一干二净，把新娘子一个人扔在空荡荡的家里，自己则在实验室一直忙到深夜。

又有一次，爱迪生忙于钻研电报技术，忘记了交税，税务局催促他说如果再不来交，就要增抽12%。于是，爱迪生匆匆地跑去了。到了税务局，队伍排得很长，爱迪生只好待在后面慢慢地等着。当他毫不容易挤到窗口的时候，满脑子都是实验的他居然一下子把自己的名字忘记了，支支吾吾半天回答不出来。

看吧，我们的发明家在生活中总是大大咧咧，不在乎一切，可一遇到工作，就立刻变了一个人！他总是专心致志，完全不管时间，一心一意地投入到研究和实验当中。据说他终身不带手表，所以，爱迪生的生活是不为时间所束缚的，他的世界里只有除了工作还是工作。正是因为有了这样的勤奋，才成就了今天的爱迪生。

爱迪生也是一个不尚空谈、持之以恒的实

干家。凡是和爱迪生接触过的人，对于他不尚空谈这一点深有感触。我国一位总工程师曾于1925年考进美国麻省理工学院，他和爱迪生有过一些接触，他在一篇回忆中写道："在我几次和爱迪生的接触中，感到他不尚空谈，重视实际。有一次爱迪生又来工厂，看到我们这群大学生，说要考考我们。他拿起一个灯泡对我们说：'请你们计算一下它的容积是多少？'我们忙拿起纸和笔，有的用积分去算，有的用微分去算……算了很久，还未算清楚。爱迪生边看边笑地说，'你们已很有点学者的样子，但是这样太麻烦了。其实求它的容积很简单，只要在杯子里盛满水，灯泡放进去溢出多少水来，这就是它的容积。'说得我们恍然大悟。这一次的谈话给我的印象太深刻了，使我一辈子都牢记，搞科学要讲究实际效果，不能空谈理论。"

在研究工作中，爱迪生非常重视实用性，他从不把自己束缚在抽象的数学推导和繁难的计算中。美国著名科普作家艾·阿西莫夫对此曾写道："抽象的知识很少能引起爱迪生的关心，他是一个非常讲究实际的人，他的兴趣在于把别人一些抽象的发现联系起来，做出实际有用的装置。"

有一次，他让助手设计发电机中线圈的绕法，这位助手绕了好几天，还是一无所获。爱迪生指点他说："你为什么不叫工人做几个模型呢？你可以用绳子在模型上绕来绕去地试，用这种方法决定怎样绕圈最合理，而不必再在纸上画那些凭空想象的线条。"助手表示反对："可是，您说的这种做法在书本上是找不到根据的呀？"爱迪生又说："如果的确能用，你又何必去管它呢！"助手按照爱迪生的话进行尝

试，马上发现这个方法既简便又实用。

爱迪生对于自己的研究表现得相当自信，任凭别人怎样批评他的成果，他都一概不予理睬。当他研究用铁筋土造建筑物的时候，许多人都以为铁筋土中所加的小石子必将在柔软的水门汀底沉聚，绝对不会成功；可是他却依照自己设计好的方案取得了成功。所有人都惊讶于爱迪生的这种自信，只有他知道自己所做的一切绝非空想，每一个研究发明的背后，爱迪生都做了充分的准备。他在要做一种研究以前，第一步必先准备充分的预备知识，先去调查前人关于此事项已有过何等造诣。他对前人已获的成果并不盲从，还须运用自己特殊的方法，施行种种实验。因之常发现新结果。除此之外，爱迪生还把自己研究的结果写在笔记簿中，然后把笔记交给助手，叫助手再把实验的结果一一记录，每日报告。笔记簿每册约200页，从门罗公园那个时候算起，已经数以千记了。这沓厚厚的笔记簿中，保存着爱迪生数十年的想法、设计、图稿等等，还有做过的无数的实验。他终日徘徊于实验所中的各个房间，指导监督。“爱迪生与人走着同一条的路，结果常会到别人未曾涉足过的荒地里去。”他有一个多年的助手曾这样说。这个助手曾费了许多心力想制出某种化合物，始终没有成功；可是爱迪生却以同样的方法，得到一个满意的结果。

1914年，爱迪生的实验所失火，损失达400万美元，但这一沉重的打击并没有使他停止工作。爱迪生乐观地说：“我已67岁，但还不算太老，我要重新做起。”

爱迪生84岁的时候，他还说必须至少再工作15年，必须勤奋研究，在退休之前完成所想到的一切。一次，有人问他是否同意“为科学休假10年”的说法，爱迪生回答说：“科学是永无一日休息的，在已过的亿万年间，它于每分钟都工作，并且要如此继续地工作下去。”

1931年8月1日，爱迪生在西奥兰治研究所工作时，突然倒地不起。这个新闻震惊了全世界。他的病情严重，但只要身体稍微好些的时候，他就仍喋喋不休地说：“我希望快到研究所去。”

爱迪生的大量发明，固然是适应当时社会生产发展的需要而创造的，但是，他那严肃认真和重视实践的科学态度，刻苦钻研和持之以恒的精神，以及不畏艰难险阻的顽强意志，才是他取得成功的真正重要的因素。

集体的努力

19世纪末，围绕探索电力在技术上的应用的问题，爱迪生的科学研究工作陷入困境。我们知道，一项科研成果往往是许多学科的综合体，像这样将电学、机械学、化学等原理相互渗透，对爱迪生来说可是一个不小的挑战。虽然他浑身充满才华，但他毕竟不是一个十全十美的全才。他是人，而不是神。爱迪生知道仅仅依靠个人或少数几个人的力量，研究很难进行。当时的科学研究方式还是沿袭18世纪以来的传统，科学家没有形成一个有效的科研组织，只是依靠个人力量埋头苦干进行独立的研究。爱迪生逐渐认识到了这种个体研究的狭隘性。

于是聪明的爱迪生独创性地在1876年建立了世界第一个工业研究实验所，并被他冠以“发明工厂”的美名；1881年爱迪生又组建了第一个科学技术研究所，把许多不同专业的人组织起来，里面有科学家、工程师、技术人员、工人等共一百多人，其中包括精通数学的厄普顿、擅长化学分析的芬逊、检验矿石的海德、还有及时提供资料的派克教授。

美国学者麦克·哈特曾指出，爱迪生之所以有这么丰富的发明，原因在于他在新泽西州的门罗公园创造了一个实验室，使用了一大批得力助手来集体从事研究制造。这个实验室就是后来许多大工业公司建立的大型实验室的原始形态。

另外一个美国学者也持有同样的看法。阿西莫夫曾说，在门罗公园实验室，“有8位之多获得法定资格的科学家为他工作。”

《美国企业史》的作者塞利格曼写道：爱迪生“聚集了一批技术高超的人才，购置了一批仪器和机器，并不断鞭策自己和手下的人在技术领域里攀登新的高峰。他还雇用了一些训练有素的科学家。”

爱迪生的英国传记作家罗纳德·沃·克拉克认为：“不应把爱迪生的发明全部归功于爱迪生个人，爱迪生只是工作在这一广阔领域里的一员。大家的共同努力，相互间的交流与促进，才使发明成为必然结果。”显然，这种观点是能被人接受的。

的确，爱迪生的许多重大发明就是靠他背后的集体的力量才获得成功的。如果没有手下技术人员和工人的帮助，爱

迪生不可能有这么多的发明创造。比如说当初发明电灯时，爱迪生培训了一批人，分赴世界各地去选择最好的竹子作灯丝材料。如果仅靠他自己的话，恐怕光找材料都要花上好多年的时间，我们也不会这么快就用上电灯了。

不论是在纽瓦克，还是在门罗公园，爱迪生与他的工人之间的关系都是豪放而友好的。有一次，艾奇逊提出加薪却被爱迪生拒绝了，不满的他主动辞职，不过没多久他又回到了实验室。爱迪生闻听艾奇逊出走一事后哈哈大笑，他对艾奇逊说："房子那头有个水压机，把它准备停当，给我做一个马蹄形白垩圈。这个圈的外径是1英寸，灯丝的宽度是25‰英寸，长2‰英寸。我将命人给你钢板，用来压制板材，再做一只模具，冲压灯丝。如果你制成的这种灯丝可装在灯内，我就奖给你100美元。"

艾奇逊果真造出了这种灯丝，拿到了100美元的酬金。于是爱迪生又与他立下合同，再制造3万根。后来艾奇逊写道："我雇了一个男人和一个孩子帮我制造，我的技术越来越熟练，等到制出1.6万根灯丝时，我已经能每天挣12美元了。"爱迪生就是通过这样一种方法来激励和锻炼手下的员工，培养他们良好的专业技能。赚钱不是唯一的目的，技术才是硬道理。

到了老年，爱迪生仍然惜才爱才。有一个中国留学生从依阿华大学毕业后，进入爱迪生的实验室工作。这个实验室主要是做蓄电池的。上班第一天，爱迪生想考考这个新来的年轻人，就指着一堆铁板对他说："已经氧化了，能不能回收提炼成纯铁？"留学生思索着爱迪生的问题，埋头苦干，

努力研究，功夫不负有心人，终于炼出了纯铁。爱迪生喜出望外，很快就正式录用了他，并且非常器重他。这样的情形同时也遭到了同辈美国人的嫉妒，他们一看，被外国人瞧不起的中国人居然解决了美国人不能解决的难题，于是同事们疏远他，他的上司也处处刁难他。这位留学生感到无法再在团队中立足，便提出辞职。爱迪生知道情况后，亲自赶到公寓去看他，再三恳请年轻人不要走。但是这位留学生去意已决，爱迪生失落而归。过了几天刚巧是圣诞节，执著的爱迪生买了蛋糕再次登门拜访，又一次地进行劝解挽留，这位留学生被眼前这位认真的老人感动了。临走时，留学生站在门口，目送这位德高望重的伟人远去，眼中噙满了泪水。

爱迪生另外一个贡献是创立了第一个工业实验研究所，为科学事业的发展开辟了广阔前景。科学技术研究工作从个体劳动转变成相互协作的集体劳动。后来，爱迪生的“发明工厂”成了今天世界上最大的、目前拥有数千名研究人员的美国通用电气公司实验中心的前身。几十年来这个研究中心在很多领域都处于世界前列。不过爱迪生的实验所仍然保留在那里，成为人们回忆这位伟人的纪念地。

热爱学习的梦想家

爱迪生是一个富于想象的人。他说任何一个愿意观察、学习、思考的人都可以有好的设想。他的一生都在思考问题。他相信，人们应该尽可能早地开始认识世界和大自然，

去思考他们看到的事物。他曾经讲过，一个人越勤于思考，思考愈容易，思考能使人开心和愉快。他说："如果你在年轻的时候不学会思考，你也许永远不会思考。"思考之后，爱迪生会进行大胆的猜想。他说过，当猜想被实验证明时，猜想可以成为发明。人们在头脑中进行设想，然后需要知识把设想变成事实。

爱迪生相信未来。他认为世界很快会有这些伟大的发现，以致多年前的功绩会显得微不足道。他在谈到未来时说，如果人们都满足于已有的东西，未来就不会变得更好。如果要使世界变得更美好，需要做的第一件事，就是不满足于事物的现状。他说完全满足于现状的人是不能成功的。也许正是这样一种不满足和对未来的憧憬，成就了爱迪生超人的想象力。

只要是他感兴趣的事，他就会大胆地做出无数种设想。当他倾心于选矿事业时，为了设计一种机器，便随手画了三张简单的图纸交给技师。因为图纸只是一个草图，没有细节的展示，技师感到无从下手，认为只凭三两张图纸无法造出机器。爱迪生没有和技师辩论，过了两天，他将另外的48张设计图默然地摆在技师的桌子上。这一次的图十分详尽，机器顺利造出来了。

爱迪生喜欢学习。他认为，学习特别值得肯定，因为他的大部分知识都是通过自己学习得来的。他曾说，不应把学习视为玩。因此，在学习上，爱迪生是刻苦的、严肃的。他兴趣广泛，知识渊博。亨利·福特在《我所认识的爱迪生》一书中写道："就我所知而论，他不仅对于一切事物都发生

兴趣，而且对于一切事物他都是专家。人人都知道他是科学家，但在我第一次和他旅行时，以及后来的旅行中每次和他会面时，我都惊异地发现他对飞鸟、树木、花草有着广博的认识，并且完全明了地质学和天文学。他的历史和政治的知识也很丰富，他对于艺术极有兴趣，尤其羡慕希腊艺术和建筑艺术的朴素。他手绘的直线和图式都具有美感。”

爱迪生自己也曾说：“我不追想过去，只为了今日和明日生活着。我对于科学、艺术、企业及其他一切都有兴味。天文学、化学、生物学、物理学、音乐、哲学、机械学，什么都读。只要是有关于世界的进步的，什么学问都不憎恶。我读科学学会的刊物，读商业的新闻，又读关于戏剧的东西，读关于运动的东西，我因此得以理解世界。我跟着世界大势走，书籍给予我以瞬间的慰乐，真当感谢。”

爱迪生喜欢浏览的定期刊物，包括《警察公报》、《纽约财政公报》这一类的出版物，还有许多英美的杂志。对此爱迪生解释说，他要把全世界都拿到他的面前——与各种思想观点相碰撞。他觉得世界上最有趣的题目，就是人类生活之研究。别人在做些什么，想些什么，都是爱迪生感兴趣的事情。

记得刚开始做电报员时，爱迪生买过一本旧的《法拉第全集》，这对他一生走上发明家的道路有很大的影响。他一天工作20小时，衣服破了也顾不上换，有了钱就买药品，买仪器，买书。据爱迪生说，他规定自己每天读三本书。这样算来，他一生读书破万卷，而且还能记住书中的要点。

这样的读书速度和记忆力实在让人称叹，爱迪生是怎

么做到的呢？原来，爱迪生读书有自己的特点：他善于在短时间内很快掌握某一个方面的内容。这样的能力让爱迪生受益无穷。每当一个新的试验要开始时，不管在理论方面有多大困难，爱迪生都会先把所有可以借到的相关著作集中起来，一本一本地啃，然后再做试验。在试验过程中，他还会把遇到的问题和新的发现认真记录下来。例如关于蓄电池的试验，他的记录达5万多次。在研制打字机的一个部件时，爱迪生同所有的制造商约好，让他们把各种打字机的样品都送来，并派代表予以说明。同时，他从图书馆把和要制作的机件相关的书都借来，在客人们到来前集中精力阅读一遍。第二天，客人们来到之后，爱迪生就有条不紊地对他们讲起来，这里应该怎么改进，那里又该如何设计，还给他们画图示意，甚至对这些专家们弄错的地方予以纠正。效率之高不能不使人们感到惊奇。爱迪生的助手惊叹老师的这种能力，他曾经试图把爱迪生那天读过的书借来通读一遍，结果花了整整11天的时间。有了这样鲜明的对比，足以见出爱迪生非同常人的学习能力。

在工作中生活

对于生活和工作的微妙关系，爱迪生也有着自己的理解。在他75岁时，有人问他什么叫生活，他回答说："工作。发现大自然的秘密，用大自然为人类造福。"他说，他要发明创造的东西足够他再工作100年。生活中，他就是一

个名副其实的“工作狂”。

爱迪生不怕麻烦，不怕困难，不怕失败，他的生活始终充满了乐观。爱迪生的助手们说爱迪生在研究上，不论遭到怎样的失败，他都不灰心。

他的发明，正如吃饭一样，每日不可缺少。一直到死都在发明创造，发明“和平利器”是他毕生的心愿。

对于多数人来说，耳聋可能是影响生活的致命打击，但爱迪生却能变害为利。他常风趣地对人说：“耳聋是一种福音。”实际上，他只是听力受到了阻碍，仍可以和人正常谈话。

这种疾病有的时候对于他钻研业务也很有利，他回忆自己当电报员时说：“我可以毫无误差地听出自己电报器的发声节奏，却听不到其他分散注意力的声音，甚至也听不见大房间内身旁同事的电报机声。”后来，当他研制早期贝尔电话时，由于自己听觉不灵敏迫使他作出改进电话的决定，最终创造出了到今天为止仍有着重要意义的炭极式发射器。

耳聋更帮助他制造出了留声机。爱迪生说：“纯纯粹粹是耳聋促成我完善了对这种机器的试验。在制作钢琴曲唱片的问题上，我足足用了20年的光景，因为钢琴曲充满了泛音，所以我能制作出来——正是因为我的耳聋。”

除此之外，耳聋还给经商的爱迪生带来了另外一个好处。他在与人打交道时，为了避免因听力缺陷带来的误会和争执，从不搞口头协定，所有条款务必清清楚楚地写在白纸上。这在尔虞我诈、弱肉强食的商界，可是一个救生圈，帮爱迪生解决了很多生意上的麻烦。

爱迪生最自豪的事情莫过于看着人们成功使用自己的发明创造。他知道，人们学习他的有用的发明，以便更多地运用它是多么的重要，但他从来不谈论自己如何伟大。他接受人们给他的荣誉，但是在没有鲜花和掌声时，他就躲在实验室安静地工作。在爱迪生格雷蒙特的家里，有一只装着他所有奖品和勋章的大玻璃柜子。

有人问他是否允许公众看这些奖品和勋章。爱迪生说，想看奖品和奖章的人都可以随意来看，但是他不理解为什么人们对奖品和奖章如此感兴趣。当人们要他叙述每枚奖章和奖品的故事时，他早就忘得一干二净。

爱迪生一生见过很多世界名人，他甚至同国王一起吃过饭。但是，他从来不觉得自己或是他们有什么与众不同。他忠实于人民，对于那些伟人如何出名丝毫不感兴趣。在他眼中，所有的人都一样，没有什么独到之处。

一次，爱迪生乘火车出行。到达目的地后，宾夕法尼亚铁路公司经理亲自出来迎接，并要动手替他把行李从火车上拿下来。换作是别人，这样的礼遇也许会使他非常荣幸和骄傲。但是爱迪生非常吃惊，他不理解为什么经理会这样做。他永远都只会把自己当做一个普通的市民大众来看待。

虽然爱迪生不会因为自己的成就而骄傲，但他也不会轻易改变自己的主张。他注意吸取别人的研究成果，但他绝不迷信权威。他在改进发电机时，就曾向一位电学权威挑战。

他不相信当时流行的“电机普遍规律”，他说：“如果按照这样的规律设计发电机，那么电机效率只有50%，电灯的用费将是昂贵的，那谁还能用得起电灯呢？我要用实践

证明，发电机的效率仍然是可以提高的。”他不顾权威的讥笑、奚落，终于研制出了效率高达90%以上的发电机。

爱迪生一生还同陈腐的宗教观念作斗争。1910年秋季，有人问他：“上帝对你意味着什么？”爱迪生说：“一个有人性的上帝对我毫无意义。”他宣称“他是一切迷信的敌人”，“《圣经》是胡说八道。”爱迪生的话传到教会，宗教界立即掀起了反对爱迪生的狂潮。他家的信箱装满了各种“恐吓信”。面对教会的攻击，爱迪生毫不惧怕，他说：“我并不为我的攻击担心，我说的是真话，我从来没有看见天堂地狱。上帝关于个人未来道路的理论，没有丝毫科学证明。证据！证据！这是我经常追求的。”

爱迪生渴望利用大自然的奥秘为世界各国人民谋利益，这正体现了美国人民的愿望。他懂得生活的真正价值不在于我们得到了什么，而在于我们提供了什么。

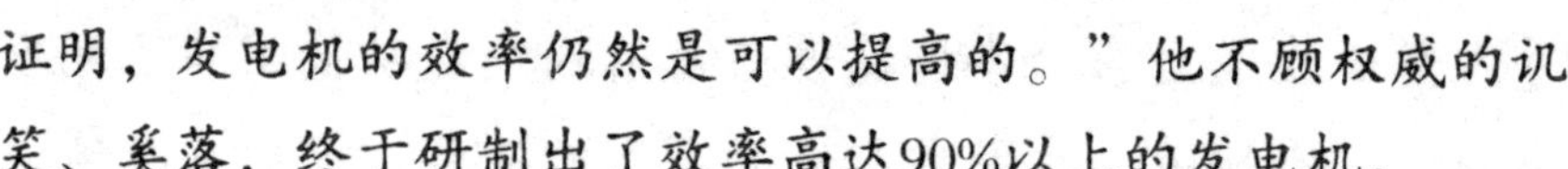

奇特的“养生”之道

“浪费，最大的浪费莫过于浪费时间了。”爱迪生常对助手说，“人生太短暂了，要多想办法，用极少的时间办更多的事情。”因此爱迪生认为，人们在睡觉上花了太多有用的时间。在他看来，人们不需要花那么多时间休息，少睡觉不会伤害人的身体。一次，他还告诉美国的一位总统，要他少睡觉。

说起爱迪生睡觉的方式，大家一定会觉得奇怪。他每天

睡眠不定时，有时睡4个小时，有时又9个小时，有时又在很长时间不休息后接连睡24个小时。当他对某事物发生浓厚兴趣时，睡眠对他来讲简直不知为何物。他持续地工作，直到脑力耗尽时，才一头栽倒就睡，即使是在潮湿的地上或是实验室的金属板上也毫不在意。如果没有什么特别的工作或事情要做，他也会随时坐在椅子上入睡。因为他觉得既然无事可做，就干脆用这些时间来休息储蓄自己的精力，以便应付以后忙碌的工作。

爱迪生的一位同事说："爱迪生睡觉，不分时间，不分地点，什么都可以当床。我曾见他用手做枕头睡在工作台上；还见过他两脚架在办公桌上睡在椅子里；有时也穿着衣服睡在小床上。还有一次我见他一连睡了36个小时，中间只醒来一个小时，吃了一大块牛排和一些土豆、馅饼，抽了一支雪茄。此外，他还有站着睡觉的时候。有时，他不用手当枕头，而是垫一本化学辞典，等醒来时，立刻就有许多新的设想，所以人们常说他在睡觉的过程中也吸收着辞典里的知识。"

日本人吉松虎畅写道："爱迪生之所以如此伟大，不仅因为他的思考力异于寻常，且他想睡时只一刻熟睡，即能立刻恢复精神。"

虽然爱迪生一生工作多，睡觉少，但他几乎从来不患病。他是一个身材魁梧、体魄强壮的人，他喜欢在空气新鲜的地方·走动，不需要做任何有规律的运动却依然神采飞扬。

爱迪生在饮食方面也有他自己的个性。他饭量不大，因为他认为，大部分的病都是由于吃得太多而引起的。尽管

他同意从事体力劳动的人应该比脑力劳动的人增加一倍的饮食，但他仍然极力主张美国人都应该减少2/3的食量。从现代医学的观点看，少食是健康之道，如果美国乃至全球都能照爱迪生所说的减少2/3的饮食的话，冠心病、肥胖病等或许也会减少一半了吧。

爱迪生还认为人们应该吃许多不同的食物，他说通常情况下同一种食物自己不会吃两遍，这个世界上充满了不同的食物，人们应该试试各种食物。他除了不喜欢吃一种称之为笋瓜的食物外，其他所有的食物他都吃。他说，和笋瓜一样，容易吃的东西对人没有帮助。

爱迪生出名以后，人们为他举行过很多宴会。他经常会携带自己喜欢吃的东西赴宴，或者在家中先吃一些饭才去。宴会上，大家都会吃到很多不同的食物，而爱迪生只吃他喜欢的几种简单的菜：鱼罐头、水果、带叶子的菜、粗面包和牛奶。

虽然饮食理论有一大堆，但实际上爱迪生对吃的东西却是不大在意的。许多来访的人常常对爱迪生的待客宴感到吃惊。威廉·普利斯在1877年5月18日的日记里写道："我在一个叫门罗公园的地方和爱迪生共度了酷热的一天——他是位出色的电工——我们对那里的仪器进行了试验和检查。吃饭时，他为我提供的竟是生火腿、茶水！"

少年时的爱迪生买得起什么就吃什么；直到晚年，他才开始找那些最适合他的和他喜欢的食物来吃。他不爱饮酒，却喜欢吸烟，并且常常嚼烟叶。

爱迪生吃饭时间也不固定，常常是半夜才用晚餐。平

日的午餐都要人送到实验室里吃，到了晚年，才改变这一习惯，回到家里去吃。他的夫人劝他在每日午餐之后休息20分钟，可是爱迪生并不在意，夫人说得嘴皮子都要磨破了，他才勉强听进去。

伟大的妻子

一个成功男人的背后总有一个伟大的女人。爱迪生的成功也少不了妻子的辛勤劳动和鼓励支持。

前面我们提过，爱迪生一生经历过两次婚姻。他的第一个妻子叫玛丽·斯蒂尔韦尔，第二个妻子叫米娜。

为了使爱迪生生活有规律，不致影响身体健康，玛丽对丈夫十分体贴。她经常做可口的饭菜，在开饭时间准时送到实验室给爱迪生；晚上爱迪生加班熬夜，她又给他送去宵夜填肚子；爱迪生半夜回家，玛丽还迟迟没有休息，早就煮好咖啡、准备好面包等着丈夫归来；天将转冷，玛丽又早早为爱迪生制作好厚呢子大衣；夏季炎热，玛丽总是把爱迪生的衣衫都洗得干干净净，烫得平平整整，让他随时可以替换……爱迪生自从有了玛丽这个贤内助，精神上愉快多了，献身科学事业的劲头更足了，他的发明创造自然也更丰富、更多样了。

有一年夏天，玛丽带着孩子到郊外度假，爱迪生一个人留在纽约搞科研。假期还未结束，玛丽便先病倒了。为了不影响丈夫的工作，她不让人告诉爱迪生。后来随着病情日渐

加重，医生才瞒着她给爱迪生写了封信。

1884年病重的玛丽终因医治无效在8月9日凌晨去世了。妻子去世后的几年中，爱迪生都不曾真正开心过，他经常回忆妻子的音容笑貌，怀念过去一家人其乐融融的温馨场面；而眼下，他却成了一个单身父亲。

可喜的是，两年后，爱迪生遇到了他人生的另一伴侣——米娜。

米娜对爱迪生的关心不亚于玛丽。她知道爱迪生经常忙得废寝忘食，所以格外精心照料他的起居。每天早上都要拦住他喝完牛奶再出门。有时爱迪生因工作忙碌不能回家，她就亲自把饭送到实验室，看着他吃完才放心地离开。不知有多少次，米娜因为爱迪生耽误了吃饭时间使饭菜变凉了而和他生气。

性格开朗的米娜也很关心丈夫的事业。她曾陪着丈夫参加了在法国召开的世界博览会，凭借她的文才和言辞，爱迪生这位谦虚的发明家才更深刻地为世界人民所了解和尊重。

有一次，米娜从伦敦回来，经过了一路的颠簸，到家的她感到非常疲倦，就早早地上床休息了。

睡梦中她得知丈夫主持研制的活动电影已经成功的消息后，顿时兴奋得睡意全消，赶忙从被窝里爬出来，诚心向丈夫表示最热烈的祝贺。

可以说米娜对爱迪生的影响是多方面的。为了使爱迪生在繁忙而紧张的工作中得到休息，她常常陪着丈夫去看戏，对爱迪生来说，这确实是唯一的消遣。

米娜对于艺术有着良好的素养，因此她能很好地理解丈

夫的审美观。在丈夫的服饰和色彩设计上，她尽量使其显得庄重大方，朴素美观。这种朴素的美，也渐渐形成了爱迪生发明设计的宗旨。因此，人们总是称赞爱迪生的设计是科学和艺术的完美结合。

当爱迪生卧病在床时，米娜每天都从庭院采摘鲜花，插在爱迪生的床边。同时，她还将原本在一楼做装饰用的纪念品，时常拿上来摆到爱迪生可以看到的地方，以排除他心中的寂寞。

这些纪念品都是爱迪生赢来的，病中的他看到这些熟悉的影子心里顿时感到阵阵的温暖。这些纪念品中有一些纪念章，每当爱迪生手里拿着这些各国的纪念章时，就会想起少年时代研究的日子，以及过去多彩多姿的人生。

爱迪生是一位受全人类尊重的伟大科学家。他的成功主要归功于他的勤奋和创造才能；然而，他的两个妻子也起了不可小视的作用。

爱迪生 生平大事年表

1847 2月11日 生于美国俄亥俄州的米兰镇，是荷兰移民约翰·爱迪生的后裔。

1856 进入小学就读，三个月后，被教师视为“低能儿”而命令其退学。

1862 8月 救出了一个在火车轨道上玩耍的小男孩。孩子的父亲无钱酬报，愿意教爱迪生电报技术。从此，爱迪生踏上了科学的征途。

1868 以报务员的身份来到波士顿，服务于西方联合公司。10月11日发明“投票计数器”，获得生平第一项专利权。

1870 发明普用印刷机，出让专利权，获4万美元。自设制造厂。

1871 母亲去世。改良打字机成功。与玛丽结婚。

1875 发明声波分析谐振器。1月5日出卖四通路电报机专利权，获取3万美元。

1876 在新泽西州的门罗公园建立了一个实验室——第一个工业研究实验室。它是现代“研究小组”的创始。发明碳精棒送话器。申请电报自动记录机专利。

1877 在门罗公园改进了早期由贝尔发明的电话，并使之投入实际使用。获得三项专利：穿孔笔、气动铁笔和普通铁笔。 8月20日发明了留声机。

1879 10月21日 发明高阻力白炽灯，它连续点燃了40个小时。 11月1日申请碳丝灯专利。

1880 研究直升机。获得电灯发明专利权。制成磁力筛矿器。1月28日提出“电力输配系统”专利书。12月成立纽约爱迪生电力照明公司。

1882 发明电流三线分布制。申请专利141项。9月4日成立第一所中央发电厂。

1884 8月9日 妻子玛丽去世。爱迪生离开门罗公园。

1885 5月23日 提出无线电报专利。

1886 2月24日 与米娜·米勒结婚。

1888 发明唱筒型留声机。

1893 爱迪生实验室的庭院里研究并建立起世界上第一座电影“摄影棚”。

1902 使用新型蓄电池作车辆动力的试验，行程为5000英里，每充一次电，可走100英里，获得成功。

1903 爱迪生的公司摄制了第一部故事片《列车抢劫》。

1908 8月 提出水泥房屋专利。

1909 费时10年的蓄电池研究终于成功。制成传真电报。获得原料机、加细碾机、长窑设计专利。

1912 发明“有声电影”。研制成传语留声机。

1914—1915 发明石碳酸综合制造法。并合留声机和授语机为远写机，一方电话机可自动纪录对方说话。建议新教学法。设立化学厂，自行制造苯、靛油等。

1916 5月13日 出席纽约国民备战大示威游行。

1917 1月 辞去行政工作，专门研究海军防务达两年之久。

1918 1月24日 爱迪生的几位同事创建了“爱迪生先驱会”。

1915—1918 完成发明39件之多，其中最著名的是鱼雷机械装置，喷火器和水底潜望镜等。

1922 被选为美国当代十二大伟大之第一人。

1927 完成长时间唱片。成立爱迪生植物研究公司。80岁诞辰的那一天，在美国召开盛大的欢迎会，爱迪生收到的祝贺信件有数十万封之多。

1928 从野草中提炼出橡胶获得成功。9月参加福特的历史博物馆动工仪式。

1929 电灯诞生50周年，全国及世界各地举行盛大庆祝。爱迪生患肺炎。体弱病发。

1931 6月 向大西洋城举行的电灯会议发送最后一份电报。9月初病情进入危险期。10月18日与世长辞，享年84岁。